策略

如何在复杂世界里
成为高手

江潮◎著

STRATEGY

四川文艺出版社

图书在版编目（CIP）数据

策略：如何在复杂世界里成为高手 / 江潮著 . — 成都：
四川文艺出版社，2018.10（2019.1 重印）
  ISBN 978-7-5411-5152-1

Ⅰ . ①策… Ⅱ . ①江… Ⅲ . ①职业选择—通俗读物
Ⅳ . ① C913.2-49

中国版本图书馆 CIP 数据核字（2018）第 206317 号

CELÜE: RUHE ZAI FUZA DE SHIJIE LI CHENGWEI GAOSHOU

策略：如何在复杂世界里成为高手

江潮 著

出 品 人	刘运东
特约监制	王兰颖
责任编辑	彭 炜
特约策划	赵璧君
责任校对	汪 平
特约编辑	赵璧君　苗玉佳
封面设计	蔡小波

出版发行　四川文艺出版社（成都市槐树街2号）
网　　址　www.scwys.com
电　　话　028-86259287（发行部）　028-86259303（编辑部）
传　　真　028-86259306

邮购地址　成都市槐树街2号四川文艺出版社邮购部　610031
印　　刷　三河市海新印务有限公司
成品尺寸　145mm×210mm 1/32
印　　张　9　　　　　　　　　　字　　数　160千字
版　　次　2018年10月第一版　　　印　　次　2019年1月第五次印刷
书　　号　ISBN 978-7-5411-5152-1
定　　价　39.80元

目
录

CONTENTS

3 第三章
社交策略：一眼看穿他人心理，掌控社交主动权

4 第四章
职场策略：在办公室里做出最佳选择

5 **第五章**
管理策略：一个人是工作，一群人是事业

6 **第六章**
执行策略：即刻行动，改变一切的核心力量

7　**第七章**
　　谈判策略：如何在博弈中获得更多

8　**第八章**
　　饭局策略：做个会说话会办事会交际的人

前言

PREFACE

　　在如今快速发展的时代中，随着产业化的增多，市场竞争也越来越激烈。因此，无论是在工作中，还是在生活中，要想在这个时代占据一席之地，在社会中过得如鱼得水，就要懂得一些策略，而不是盲目地"瞎干"。

　　例如：在职场中，你若是不懂得策略，不明白什么话该说，什么话不该说，跟谁都是有一说一，那还如何在办公室中生存呢；在你制定目标时，若是不懂得策略，全凭自己的想象，没有依据、没有前瞻性，那目标就会偏离航道，结果可想而知；在交际中，若是不懂策略，不明白什么时候要主动"秀"出自己，什么时候要懂得谦让和"隐藏"，最后必然会成为被枪射击的那只"出头鸟"；

在谈判时，若是不懂得策略，那就会被对方牵着鼻子走，掉入对方设下的"圈套"，最后的结果也必定是你最不想达到的；在销售中，若是不懂得策略，不知道如何吸引顾客、不懂得如何利用客户的心理，那你销售的产品，必定会成为滞销品……可见，在生活的各方面，都不可鲁莽行事，而是需要制定一套策略，一套合乎情理而又精准高效的策略。这样，在前进的道路上，才会有条有理，一直行驶在正确的轨道上。

本书通过在生活和工作中的八个场景，详细地讲述了策略在各方面应该如何运用，如何才能够让策略按部就班一点点实现，并在每一章的每一节，都通过理论与切合实际的案例深入浅出地讲解了策略的重要性。相信本书会对每一位读者起到帮助性的作用，让每一位读者都能够在生活和工作中不再盲目，做什么事情都有条理、有策略，在人生的道路上，一直走在正确的方向上，一直走向人生的巅峰。

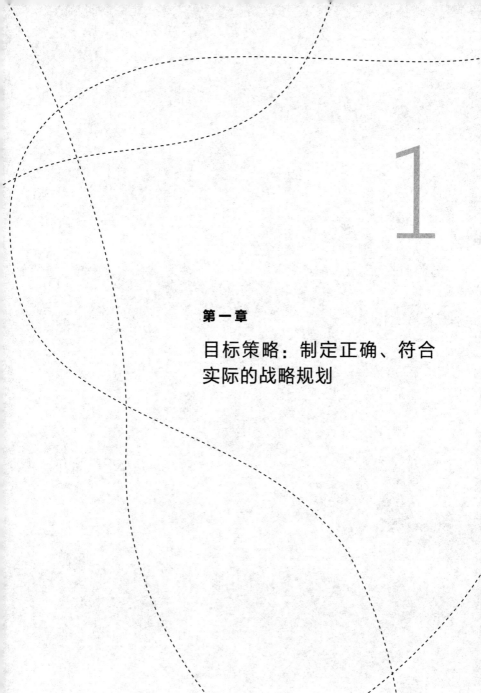

第一章

目标策略：制定正确、符合
实际的战略规划

策 略 要 有 前 瞻 性 ， 设 定 可 实 现 的 目 标

　　或许，很多企业都会遇到这样的困惑：制定的目标总不能完成。喜欢研究昆虫的人都知道，每次蜜蜂在出去采蜜之前，都会用自己的身体分泌出一种叫蜂蜡的物质，为蜂群建筑蜂房，以保护群蜂不受伤害。这也就是说，蜜蜂这样的做法是为了蜂群的安全，而且无论多辛苦它们都会坚持，风雨无阻、任劳任怨。因为只有蜂群安全了，蜜蜂才能在这个大家庭里快乐地生活。其实，它们之所以任劳任怨，关键就是它们把为蜂群工作看作是为自己工作，把蜂群的事当成自己的事。

　　作为一名管理者，要有像蜜蜂一样的心态，把公司的事当作自己的事。而一个员工如果能把公司的事作为自己的事做，那么他就会不断地提升自己的价值，发挥出自己的能力，使公司制定的目标更容易实现。

　　查尔斯·施瓦布是美国卡内基钢铁公司的董事长，他的成功，就源于他能够把公司的事当作自己的事情来做。他曾经对员工这样说道："公司的事就是自己的事，只有这样才能把工作做好，才能

取得一定的成功。"一直以来，他都坚持做到把公司的事作为自己的事做，而且时刻思考着企业发展中存在的每一个问题。

　　查尔斯出生的地方是一个很偏僻的村庄，小时候家里非常贫穷，以致他在十五岁那年便外出打工。历经许多磨难之后，他又来到了钢铁大王卡内基的建筑工地打工。来此打工的第一天，他便下定决心，对工作一定要尽心尽力，认真努力，争取成为最出色的员工。于是，他在工作中积极努力，而且同时他还努力学习各种知识。渐渐地，他从一名普通的建筑工人升为技工，后来又升为技师，再后来成为部门主管、建筑公司总经理、布拉得钢铁厂厂长、卡内基钢铁公司董事长。而这些成绩的取得与他的信念是分不开的——"公司的事就是自己的事"。可以说，正是基于这句话、这个信念，才让查尔斯在卡内基钢铁公司董事长的宝座上一坐就是七年。在查尔斯当任董事长的第七年，控制着美国铁路命脉的摩根要与卡内基联合经营钢铁，起初董事长安德鲁·卡内基并未理会他提出的要求，也没有把这件事放在心上。摩根见状便向外界宣称，如果卡内基不同意联合计划，他就会去找当时美国的第二大钢铁公司贝斯列赫姆合作。

　　这时，安德鲁·卡内基有些坐立不安了，如果他们真的联合起来，那自己的公司就有可能竞争不过他们，从而败在他们的手上。于是，着急万分的安德鲁·卡内基找来他最信任的查尔斯，并对他说："你替我去找摩根，和他谈谈合作的事情，带上这份文件，一定要按照上面的要求进行谈判。"查尔斯看了看文件，笑着说道："您把摩根想得太厉害了，之前我曾对他做过调查，他并没有您想象得那般厉害，不会轻易就和贝斯列赫姆联手的。如果按照您开的这些条件，您的利益将会损失很多，而摩根一定会很高兴地接受。"之后，查尔斯就把所掌握的摩根的情况对卡内基一一做了汇报，他们认真细致地分析之后，安德鲁·卡内基感觉查尔斯说得非常正确——自己的确高估了摩根的能力。于是，卡内基把这件重要的事情完全放心地交给查尔斯处理，因为他相信查尔斯一定会完成得非常漂亮。查尔斯和摩根的谈判进行得很顺利。谈判结束后，查尔斯为卡内基争取到了绝对优势的条件。但摩根感觉自己有些吃亏，于是他用一副高高在上的姿态对查尔斯说："那就这样吧，明天你让卡内基来我办公室签字。"

第二天一大早，来到摩根办公室的人是查尔斯而不是卡内基，摩根一脸吃惊，疑惑地问道："为什么卡内基没有来？"查尔斯说："他让我向您传达一句话：'从第51号街到华尔街的距离，与从华尔街到第51号街的距离是一样的。'"

每个人都明白这句话的意思，于是摩根在沉默了一番后，对查尔斯说："那我过去吧。"虽然久经商场的摩根一生从未屈尊去过别人的办公室，但这次的对手是一向以公司利益为重的查尔斯，所以他只好舍下老脸俯首屈就了。而查尔斯在挽回公司巨大经济损失的同时，还为公司创造了巨大的利润，并让他的上司安德鲁·卡内基增添了许多荣耀和光彩。

可以说，现实中有很多这样的管理者：认为自己只是给企业打工的高级打工仔，公司的事与自己无关，即使公司倒闭了自己还可以再去别的公司，继续干自己的工作，拿属于自己的工资。所以，有些管理者就总想着应付工作，能避开的工作决不插手，这样的管理者往往很难做好管理工作。企业在这样的管理者手中发展，其命运可想而知。

如果管理者把公司的事情当成自己的事情，用战略性的眼光看待工作，就知道自己应该怎么做才能让工作更出色，才能更好地解决在工作中遇到的各种问题，从而进一步管理好公司，并让公司设定的目标得以实现。

意大利东北部的城市佩扎罗有一个手艺很出色的木匠，他几乎做了一辈子的木匠活。一天，他找到自己的雇主，并告诉他，自己已经年老，不想再做这种体力活了，想回家和老伴一起过清静悠闲的生活。雇主见老木匠确实已到了一定的年纪，便同意了他的请求，但同时也提出了一个要求：请老木匠在临走前再建造一栋房子。老木匠虽然答应了，但是此时他的工作态度却和以前有了很大的差别——以前的他会全心全意地工作，而现在，他在工作中却三心二意，不仅技术有所退步，而且有时候为了省事，还马虎敷衍。不久，房子完工了。雇主来看房子的时候顺便把房子的钥匙也交给了老木匠，并一脸深沉地对他说："这所房子送给你了，希望你能住得舒服。"

老木匠听闻后一下子惊呆了，因为他无论如何也没有想到事情会是这个样子。如果他早知道这是为自己建的房子，他一定会用自己最精巧的工艺认真对待，绝对不会偷工减料。至此，虽然他后悔不已，但也毫无办法。

由这个故事便可以看出，人生就像是一项只有一次机会的工程，一个人做事的态度决定了以后住什么质量的房子。如果你想住在漂亮、牢固、安全的房子里，那就从现在开始，在工作中认真去钉每一颗钉子，仔细放好每一块木板，努力砌好每一面墙。当结束一天的工作时，要问一问自己，是否为工作付出了全部的精力和智慧。

管理者在日常的工作中，就应该用富有前瞻性的眼光对待管理工作，并将公司的事情当成自己的事情去做，因为这样可以最大限度地让企业制定的目标得以实现。

策略的前提是团结，统一思想才能众志成城

　　企业员工之间的团结，有助于企业从团结中获取到一种合力，从而推动企业发展。但如果要想形成真正的团结，就要让整个企业员工的思想、价值观，与企业的思想理念、价值观达到一致，而这就需要员工与员工之间、员工与企业之间达到一种精诚的态度和高度的共识。所以，要想实现企业内部的团结，就必须使企业管理者与员工之间做到精诚——只有做到了"精诚所至"，才能在团结的力量之下达到"金石为开"的目的。

　　对于企业来说，要想达到企业管理者与员工之间、员工与员工之间的精诚合作，除了彼此要经常交流之外，还有一个不容忽视的因素——企业文化。不可否认的是，企业文化是由企业创办者与历任管理者合力打造出来的，而其一旦在企业中形成，又能影响到一代又一代的企业员工与管理者。企业文化对员工（包括那些管理者）产生一种潜移默化的影响，并且这种影响是十分深刻的，所以很多企业都十分注重培养和打造企业与众不同的文化。企业文化是一种氛围，就像人们对宗教的信仰一样，它有助于管理者与企业员工之

间达成某种思想上的精诚。所以，从某种角度上来讲，企业文化所体现的就是企业价值。

在这方面，惠普公司可以说堪称楷模，休利特和帕卡德通过多年的努力，不仅为世人留下了一个可以借鉴的成功企业，同时也留下了令所有企业都值得探讨和学习的楷模——惠普文化或惠普之道。如果从其核心价值出发，无外乎是：热忱对待客户、信任和尊重个人、追求卓越的成就与贡献、注重速度和灵活性、专注有意义的创新、在经营活动中坚持诚实与正直、靠团队精神达到共同目标。惠普之道所体现出来的，其实就是一种奋发向上、真诚待人、创新与团结的企业管理理念，只不过惠普是从人性的角度出发，以普通人追求梦想为起点，提出的一种极富感染力与号召力的口号。在这种文化背景的影响下，惠普的历任 CEO 为了提升惠普的市场竞争力一直努力地在企业内部进行着各种各样的改革尝试，特别是在 1999 年 7 月以销售出身的卡莉·费奥瑞纳成为惠普公司的首席执行官后，尽管为了改变惠普落后的现状而采取了一系列的人员精简、部门撤换与合并，但对于惠普创始人休利特和帕卡德所留下来的惠普之道，这位女 CEO 非但没有在改造惠普的过程中将其删改，反而以当初休利特和帕卡德所倡导的"车库精神"（当初，惠普是在一间车库诞生的，后来，这间车库因此成为"硅谷诞生地"）重新拿出来做广告。

不仅如此，卡莉在针对惠普各部门的调整中，只要被媒体问及她在惠普实施的改革之举时，她总是会提及惠普创办者所留给惠普的创业精神，甚至还多次在公开场合大谈特谈惠普在创立之初所开发和研究出来的产品及其影响。在卡莉的这种影响下，惠普的很多中高层包括媒体，都不再对这位年轻的女 CEO 抱有抵触情绪，反而极力配合她在惠普实施的改革之举。而惠普中高层管理者态度的转变，直接影响到了惠普的基层员工。在卡莉高举惠普之道的大旗之下，惠普从上到下很快形成了一种合力，来扭转惠普不断下滑的业绩。

卡莉·费奥瑞纳在入主惠普公司后，巧妙地抓住了惠普的企业文化——惠普之道，并且运用创始人所一直倡导的"车库"精神，唤醒了当时惠普公司员工思想里的那股精诚的力量。仅从这一点看，卡莉对企业的管理是成功的，因为她通过唤醒员工记忆的方式，使全体员工在短时间内达到了精诚合作，而企业团队也出现了少有的团结一心的高涨局面。这也就是说，在企业管理中，卡莉的这一目标管理是成功的。卡莉在这方面的成功，主要得益于她长期从事销售工作的管理经验，惠普公司在卡莉入主仅仅半年时间便出现了"众志成城"的合作局面。

企业与员工、员工与员工之间都要上下一心，达成共识，就要做到五方面的统一：思想、目标、行动、规则、声音。真正达到这五个统一是非常难的，我们能做的是不断向统一靠拢。

　　丹尼尔决定在小学毕业典礼这天穿父亲买给他的新裤子。经过试穿后发现新裤子长了两寸。吃晚饭的时候丹尼尔把裤子长两寸的事情对一起吃饭的奶奶、妈妈和姑姑说了，大家都说会帮他剪短。

　　过了一会儿，大家都回房间睡觉去了。妈妈正要躺下，想起儿子的托付，就起来把儿子明天要穿的新裤子剪掉两寸，缝好、叠好，又放回了原处。姑姑起夜的时候，想到侄子的裤子长两寸，便起床将裤子处理好后才回去睡觉。第二天早上，奶奶起来后，一边做早餐，一边戴上老花镜剪短裤子，缝补边角。

　　等丹尼尔起床后穿上裤子时，发现裤子短了一大截。没有办法，他只能沮丧地找了条旧裤子穿上，参加了毕业典礼。

　　工作任务的安排固然重要，团队中每一个人的想法达成一致之后，还要有及时有效的沟通，决定决策之后应该明晰责任，以免发生"短裤子"的悲剧。

制定策略目标，首先需要切合实际

　　在商业竞争白热化的年代，稍不留神，一个企业就会葬身于滚滚商海。每个企业的发展水平及前景都不尽相同，不同的环境造就不同的企业战略、文化以及发展重点。这个世上没有永远打不败和永远站不起来的企业，重要的是看你如何根据自己的特点，发挥自己的优势。

　　阿里巴巴就是一个典型的例子。在最初成立的时候，阿里巴巴并没有多少资金积累。但是十多年发展下来，阿里巴巴稳中求发展，一直到上市，这里面隐藏的商业精髓很深刻。古人说，与其羡慕别人，不如看看你口袋里装了什么。阿里巴巴与环球资源不同的经营模式也说明了这一点，环球资源开辟一个个新域名，而阿里巴巴则是根据自己的特点，集中在一个旗帜下发展自己的品牌产品。

　　如今，阿里巴巴已经成为一个庞大的商业帝国，有了淘宝网，收购了雅虎中国，在搜索和门户网站领域也有涉足。2007年，阿里巴巴又成立阿里软件，进入企业商务软件领域。而且各领域、产业链之间配合密切、协同发展，共同造就了如今阿里的广阔版图。

蒙牛公司的成立过程也有相似之处。蒙牛创立初始，内蒙古除了伊利，再无大的牛奶品牌，其余的的小牛奶品牌属于随意购买类，没有所谓的知名度、美誉度和忠诚度。伊利当时属于国内牛奶品牌的老大，年销售额已经达数十亿元。

在对方这么大的品牌效应下，蒙牛没有把钱砸在企业宣传上，而是巧妙地通过"创内蒙古乳业第二品牌"的宣传和推出"中国乳都"等概念，打响了蒙牛自己的品牌。

此后，蒙牛把重点放在技术创新、寻找更好的奶源上。蒙牛众多的产品上市后，反响都不错。就这样，蒙牛从众多的小品牌中脱颖而出。

时至今日，蒙牛的品牌知名度已经丝毫不逊于伊利。用牛根生的话来说："拼不过名气的时候，我只能专心做我的奶。能给全国人民喝上安心奶，就是我终生的事业。"这一席话使他赢得了更多的拥护者，使人们对蒙牛更加认可。

从公司的长远发展来说，制订正确、符合企业实际情况的战略规划是非常重要的。尤其是在当前激烈的市场竞争中，不管企业规模的大小，其战略都不是一成不变的，也不要根据对手去制定战略，因为对公司来说，最重要的不是战胜对手，而是赢得客户的忠诚。那些根据对手而改变战略的企业，会在市场竞争中失去发展的方向，从而错失机遇，甚至会为企业带来无法预料的后果。

　　因此，在管理中，企业家要学会忠诚于市场，着眼于客户需要，来制定企业的发展战略，不要因为对手的竞争而乱了阵脚。要知道，企业制定战略的目的不是打败竞争对手，而是让客户满意。制定企业的发展战略要着眼于客户需求，这样就不会迷失方向，从而获得长远发展。

把握核心，将大目标拆分成众多小目标

德鲁克曾说过："若是管理者有了目标，并能够用行动来不断对比和修正，当管理者能够清晰地看到两者间相近时，就会产生动力，并且自觉地克服困难，使得努力能够达到目标。明确的目标对于人们的努力来说非常重要。"

俞敏洪是一个善于将大目标分解为许多小目标的高手。他认为，如果将创业目标比作大房子，那么达到终极目标的路程就是一个建造大房子的艰难过程。漂亮美观的大房子，就是由一块一块砖头垒起来的，这一块块的砖头就是一个个被细化了的小目标，没有它们，作为终极目标的大房子就不可能建造起来。

俞敏洪的父亲是个木匠，在家乡一带小有名气，所以在村子里，只要有人家盖房子，一般都会请他的父亲去帮忙。

俞敏洪从小就发现父亲有一个奇怪的爱好，喜欢捡拾碎砖头。因为他父亲常帮别人建房子，每次建完房子，他都会把别人丢弃不要的碎砖烂瓦捡回来，或一块两块，或三块五块。有时候看见路边有砖头或石块，他也会捡起来带回家。

久而久之，俞敏洪家的院子里就多出了一个乱七八糟的砖头碎瓦堆。这在俞敏洪看来，无异于是一个累赘，没有用处的砖头碎瓦堆在家里，只会让原本不大的院子显得更加狭小、凌乱。

然而，等砖头碎瓦堆积到一定的高度后，俞敏洪的父亲开始在院子一角的空地上测量、开沟挖地基、和泥砌墙，用那堆碎砖左拼右凑，一间有模有样的小房子拔地而起。房子建好后，父亲把养在外面、到处乱跑的猪赶进小房子，再把院子打扫干净，干净漂亮的房子和院子形成了一个和谐的整体。俞敏洪的家就有了全村人都美慕的院子和猪舍。

父亲做的这件事给俞敏洪留下了深刻的印象，在当时小小年纪的他看来，父亲就像一个魔术师，竟然把一堆无用的碎砖瓦，变成了一间美丽的房子。他觉得父亲很了不起，而这件事也深深影响着俞敏洪以后做人做事的态度，无论是在上大学的日子里，还是在新东方的创业历程中，这种精神力量一直激励着俞敏洪。

俞敏洪认为："从一块砖头到一堆砖头，最后变成一间小房子，我父亲向我阐释了做成一件事情的全部奥秘。一块砖没有什么用，一堆砖也没有什么用，如果你心中没有一个造房子的目标，那么拥有天下所有的砖头也是一堆废物。如果只有造房子的想法，而没有砖头，目标也没法实现。当时我家穷得几乎连吃饭都成问题，自然没有钱去买砖，但我父亲没有放弃，日复一日地捡拾碎砖瓦，终于有了足够的砖头来建造心中的房子。"

因此，俞敏洪在做事之前，一般都会问自己两个问题："一是做这件事情的目标是什么？因为盲目做事情就像捡了一堆砖头而不知道干什么一样，只会浪费自己的生命；二是需要多少努力，才能够把这件事情做成？也就是需要捡多少砖头才能把房子造好，之后就要有足够的耐心，因为砖头不是一天就能捡够的。"

做任何事都要先明确自己的目标。正如俞敏洪所说："把所有的小目标加起来就是一个大目标，就像搬砖头一样。即使你搬一辈子的砖头，也永远办不了大事，但如果你有一个造房子的目标，就能成功。"

对日本运动员山本田一来说，正是制订出了适合自己的计划，才让他获得了 1984 年东京国际马拉松邀请赛的冠军。山本在他的自传中这样总结自己的比赛经验："在每一次比赛之前，我都会将比赛沿途一些比较醒目的标志记录下来。例如，第一个标志是博物馆；第二个标志是银行；第三个标志是一座别具一格的房子……就这样，当比赛还没有正式开始的时候，我就将这些标志作为征服的目标，每当经过一个目标的时候就会觉得自己又获得了一次巨大的能量。在这样不断征服的过程，轻而易举地跑完了整个路程。"

　　一滴滴水珠的汇合，就能形成一条大河，任何伟大的目标都不是一蹴而就的，哪个辉煌的成就不是由一个个不起眼的目标汇集而成的呢？

　　在对于目标的设计上，强调不能全凭着管理者一个人的主观判断确定，应在参考自己实际情况的基础上，允许每个下级都发挥创造性和积极性，根据企业的总目标设立自己参与制定的目标，同时能够满足员工自我成就的要求。一个组织总目标的确定是目标管理的起点，由总目标再分解成各部门各单位和每个人的具体目标，还要制订达成目标的周详计划。总目标与分目标互相呼应，按照计划实施，形成实现目标的锁链关系。而目标管理的核心在于将各项分目标予以整合，以目标来统合各团队和各人的不同工作活动及其绩效，从而实现组织的总目标。

　　在设立目标的时候要做好计划，一个健全的计划不仅包括目标的订立，还包括目标的实施方针、政策以及方法、整体程序的选择，还要规定每个目标完成的期限，才能使各项工作有所依据，循序渐进。同时必须有有效的考核办法相配合，用以评估、验收目标的执行情况，同时及时反馈目标设立的合理性，便于随时做出调整。毕竟，主要的目标只有一个，而具体的目标则需要管理者进一步拆分。

有了策略，执行起来就要坚决果断

　　我们每时每刻都要面对着很多选择。如何做出正确的选择，这关系到我们利益的最大化。许多人面对着多种利益选择，总是希望自己能够将全部的利益都收入囊中。这种贪大求全、锱铢必较的心态往往会使自己陷入畏首畏尾、顾此失彼的境地。

　　站在人生十字路口上，我们总要去选择一个方向。周密计划、瞻前顾后，固然能降低出错的概率，但往往也会让我们付出错失良机的巨大代价。与其眼睁睁地看着机遇旁落，不如果断做出决定。因为关乎人生方向的抉择，从来都不是一道或对或错的选择题，任何一个决定都不可能做到尽善尽美。未来永远都充满未知和不确定，我们所能做的，就是当机会出现时，第一时间紧紧抓住它。

　　世界第一位现代成功学大师是拿破仑·希尔。在他二十五岁那年，作为一名记者他有机会采访钢铁大王安德鲁·卡内基。起初，采访进行得很顺利，可令人意外的是，卡内基突然提出了一个问题："你是否愿意接受一份没有报酬的工作，用二十年的时间来研究世界上的成功人士？"

没有报酬的工作谁也不会愿意接受，而有机会接触到全世界最成功的人士，又是拿破仑·希尔一直以来的梦想。二者相权，让他一时有些为难。可是，他突然意识到，这一定是一项具有挑战性的工作，一个人的人生不应该在平淡中度过。于是，他没有多做考虑，坚定果敢地回答："我愿意！"

对于如此迅速的回答，卡内基有些意外："你真的考虑好了吗？"

"是的，我愿意！"拿破仑·希尔更加坚定地说。

卡内基露出满意的笑容，指着手表，说："年轻人，如果你回答的时间超过六十秒，你将无法得到这次机会。我已经考察了近百位年轻人，没有一个人能够如此迅速地给出答案，这说明他们过于优柔寡断。所以，我认可你。"

在那以后，通过卡内基引荐，拿破仑·希尔有幸采访到了像爱迪生这样的世界知名人士。在短短几年时间，他结识了社会各界卓有成效的社会名流近五百余人。他把这些人的成功经验写成一本著作——《成功规律》。此书一经问世就遭到了疯抢。

通过二十年的努力，拿破仑·希尔不仅成了美国享有盛誉的学者、演讲家、教育家和畅销书作家，还成为美国两届总统——威尔逊和罗斯福的顾问。

在回忆自己成功的经历时，拿破仑·希尔说："果断是成功的救命草。如果我没有那天坚定的应答，就没有今天的成就。"在通往成功的道路上，我们每个人都能得到相等的机会，而差别就在于我们是否能够把握住这些机会。

一个人总是前怕狼后怕虎，徘徊不定，只会让自己陷入尴尬的境地。有些事迟迟无法决定，时间拖得越久，就会在各种矛盾纠结中越发痛苦，直至丧失大好良机。古往今来，凡成大事者，都有一个共同的特点：处事果决，当机立断。足球教练在比赛中通过果断换人来扭转败局；军事家在战斗中通过果断出击就能够把握战机；企业家在商场中能够果断决策就能够无往不利。

美国默卡尔集团董事长菲利博·默卡尔曾经讲过这样一个故事：

1975 年 3 月，墨西哥发生了猪瘟并且波及牛羊等家畜。听到这则消息，当时还是一家小型肉食加工公司老板的默卡尔突然意识到，这是一个千载难逢的商机。因为如果墨西哥暴发猪瘟，靠近墨西哥的加利福尼亚州和得克萨斯州也一定不能幸免。这两个州是美国肉食的主要供应地。到时候，肉食供应肯定会紧张，肉价会一路飙升。

在其他人还在犹豫不决时，默卡尔果断做出决定：集中公司全部资金，动用公司全部人力，在猪瘟到达以前到加利福尼亚州和得克萨斯州购买大量猪肉和牛羊肉。不到一个月时间，默卡尔的公司就准备了足够多的肉类食品。

　　果不其然，墨西哥的猪瘟蔓延到了美国。为了防止事态的恶化，政府下令：禁止加利福尼亚州和得克萨斯州的肉类食品外运。这导致美国国内肉类食品短缺，价格暴涨。仅用了八个月时间，默卡尔的公司就净赚了一千五百万美元，为他以后的事业奠定了雄厚的基础。

　　人生每天都是一个崭新的开始，我们能左右的只有出发和等待。生活中的机遇比比皆是，但机遇就像天空的闪电，稍纵即逝。因此，要抓住机会，果断决策，心动之后立即行动。

　　英国小说家艾略特说："世上没有一个伟大的业绩，是由事事都求稳操胜券的犹豫不决者所创造的。"果断的人为了获取成功，往往敢于挑战风险，即使做出错误的选择也能够迅速地加以纠正。所以，不要因为害怕失败而瞻前顾后，成功始于果断地行动。

随着实际情况，不断微调偏离的目标

　　我们都知道，计划对于一个人的工作起着至关重要的作用。有了计划和目标，我们的行动才有指引。就连那些指挥作战的军事家在战斗打响前，也会制订几套作战方案；而企业家在产品投放市场前，也会制订一系列的市场营销计划。

　　学会制订计划的意义是很大的，它是实现目标的必由之路。然而，计划是否完备、是否万无一失，是否在执行的过程中与原定目标逐渐偏离，还需要我们在做事的过程中经常检查。

　　可能你曾有这样的经历：当上级领导交代给你一件任务，你也为此做了精心的准备，制订好了实施方案，在整个执行的过程中，你一鼓作气，认为完美无瑕，而当你把工作成果交给领导时，却被领导批评这份成果已与原本的任务目标背道而驰。这就是为什么我们常常被上司、领导以及长辈教导做事一定要带着脑子，一定要多思考，以防偏差。

　　娜娜是一名高三的学生，还有三个月，她就要上"战场"了。这天周末，是家庭聚会的日子，在饭桌上，大家的话题很容易转到娜娜高考这件事上。其中娜娜和她姑姑有着这样的对话：

姑姑问娜娜："你想上什么大学啊？"

"内大。"娜娜脱口而出。

"我记得你上高一的时候跟我说的是北大，那时候你信誓旦旦说自己一定要考上，现在怎么降低标准了？娜娜，你这样可不行。"

"哎呀，姑姑，咱得实际点儿是不是，高一的时候，树立一个远大的目标是为了激励自己不断努力，但到了高三了，我自己的实力如何我很清楚，我发现考北大已经不现实了，如果还是抱着当初的目标，那么，我的自信心只会不断递减，哪里来的动力学习呢？您说是不是？"

"你说得倒也对，制定任何目标都应该实事求是，而不应该好高骛远啊。看来，我不应该给我们家娜娜太大压力，就让你自己决定上哪个学校吧。"

这段对话中，娜娜的话很有道理。的确，任何计划和目标的制订，都应该根据自身的情况和时间。不切实际的目标只会打击我们的自信心。诚然，我们应该肯定目标的重要意义，但这并不代表我们应该固守目标、一成不变，很多专家为那些求学的人提出建议，要不断调整自己的目标。也许你一直向往清华、北大，一直想能排名第一，但是根据进一步的分析，即使经过努力你的成绩仍无法提高，这时，你就应该及时调整自己的目标，否则，不能实现的目标会使你失去信心，影响学习的效率，因此有一个不切实际的目标就等于没有目标。

其实，不仅是学习，在工作中，我们也要及时调整自己的计划，做事不能盲目，工作的第一步应该明确自己的目标，有目标才会有动力，有了动力才能够前进。但在总体目标下，我们可以适当调整自己的计划，这正如石油大王洛克菲勒所说："全面检查一次，再决定哪一项计划最好。"任何一个初入职场的年轻人都应该记住洛克菲勒的话，平时多做一手准备，多检查计划是否合理，就能减少一些失误，多一份把握。

在做事的过程中，当我们有了目标，并能把自己的工作与目标不断地加以对照，进而清楚地知道自己的行进速度与目标之间的距离时，我们的做事成果就会得到维持和提高，自觉地克服一切困难，努力达到目标。

的确，思维指导行动，如果计划不周全，那么，就好比一个机器上的关键零件出问题，那就意味着全盘皆输。有句话说得好："生命的要务不是超越他人，而是超越自己。"所以我们一定要根据自己的实际情况制定目标，跟别人比是痛苦的根源，跟自己的过去比才是动力和快乐的源泉，这一点不光可以用在工作上，在以后的生活中都用得着，这对我们的一生将会产生积极的影响。

　　另外，计划里总有不适宜的部分，对此，我们需要及时做出调整。也就是说，当计划执行到一个阶段后，你需要检查一下做事的效果，并对原计划中不适宜的地方进行调整，一个新的更适合自己的计划将会使今后的工作更加有效。

　　因此，你可以把目标再细化一些，把大目标分解成多个小目标，把长期目标切割成若干个短期目标，最后根据细化后的目标制订计划。另外，由于不同的工作有不同的特点，所以你还应根据手头任务制定细化的目标。细化目标也能帮助我们及时调整自己的目标。

　　总之，每个人都应该根据自己的实际情况，制定一个通过自己的能力可以实现的目标。当然，目标的制定绝不能够是一成不变的，我们要随着实际情况的变化而不断地做出微调。只有这样，在经过一段时间的实践后，你才能够确定一个给自己源源不断地带来动力的目标。

有了目标，更要设计完成的期限

　　有没有意志力完成一件事，很多时候是对自己要求严不严的结果。为自己设定一个期限，从某种程度上就会强化完成事情的意志力。缺乏意志，做事就会出现拖延现象。

　　"拖延"二字，本身就包含着难以到达目标的意思。拖延会给我们的生活带来严重的干扰，以致我们几乎无法完成所设定的目标。即使最终完成了目标，其间也经历了很多痛苦的挣扎。

　　经常拖延的人，很难确定奋斗目标，因为他们经常忙着设定目标，但所设定的目标又总是模棱两可，或者缺乏时间期限。比如，"今天我得做完一些事"或"我准备在几个月的时间里完成这项工作"。如果以这样的方式设定目标，不仅目标含糊不清，完成的时间也没有限制，反而更容易引发拖延的问题。

　　十九世纪浪漫主义的伟大诗人塞缪尔·泰勒·柯勒律治，本来可以取得辉煌的成就，但本该属于他的荣誉却被授予了与他同时代的威廉·华兹华斯。

柯勒律治的悲剧就是因为他那已经到了无可救药的地步的拖延症。他推迟之前承诺完成的作品达十几年之久。他诗篇中非常著名的，甚至到了今天还依旧被英国文学课堂广泛学习的篇章，都可以从中窥探出他拖延的痕迹。如《克里斯德蓓》《忽必烈汗》……很多都是以未完成的形式发表的。而让人惊叹的是，就是这未完成就发表的作品，从开始动笔到发表也相隔了二十年之久。虽然《老水手行》是完整的，但也推迟了五年才付印。

拖延也给柯勒律治带来了很坏的影响。作家莫莉·雷菲布勒在《鸦片的束缚》一书中这样描述："他的存在变成了一长串连绵不绝的拖延、借口、谎言、人情债、堕落和失败的不快经历……"

同时，财务问题也充斥着柯勒律治的生活，尽管大多数项目计划周密，但却很少启动或完成。他的健康状况也一塌糊涂，而鸦片成瘾又加剧了其健康的恶化，他整整拖延了十年才去接受治疗。日益逼近的截稿期限所带来的压力，也消解了工作本身的乐趣。他说："一想到我必须加快步伐，写作时最惬意的时光就会戛然而止。"因此，他也失去了仅有的几个朋友，他的婚姻也因拖延而告吹。

本该是一位能够获得巨大成功的伟大诗人，却因拖延而失去了成功的机会，甚至还因此失去了财富、健康与幸福。可见，要想不让自己步柯勒律治的后尘，必须要有意志力战胜拖延。

做事缺乏意志力而拖延，说白了就是搁着今天的事情不做，而留待明天去做，在这种拖延中所耗费的时间、精力足以将那件事做好。整理以前积累下来的事情，可能会使人感到非常不愉快。很多人都会有这样的心理，本来很轻松愉快地就能做好的事情，拖延几天、几周之后，就显得惹人讨厌并且困难了。所以，拖延不仅是完不成事情，而且还会给自己带来负面情绪。既然如此，为什么不当时就完成呢？对那些喜欢拖延的人来说，给自己设定一个完成任务的最后期限，并且要严格遵守，不可超过这个期限。坚持下去，你就会发现自己正在渐渐远离拖延这个坏毛病，自控力也一步步地不断提升。那么，怎样才能做到在期限内完成任务呢？

首先，计划好自己完成任务的时间。

准备完成一项工作或任务时，提前给自己设定一个截止日期，规定最晚在什么时间完成。否则，你可能要花费比实际还要多几倍的时间去完成，不仅不利于工作或任务的顺利进展，还会加重拖延现象，不利于意志力的培养与提升。

计划好自己的时间，将工作或任务之外的事情都考虑进去，如休闲、运动或陪家人的时间等，不要将这些因素作为借口进行拖延。

如果没有空闲时间，不妨随身携带一个未完成任务的列表。如果有空闲时间，可以做一些有计划的休闲活动，或进行一些思考。

不要在没完成任务时进行毫无计划的放松，尤其是在给接下来的工作确定了截止日期的情况下。如果不好好控制时间，就可能打破截止日期，浪费时间。

其次，设定专注时间，让工作更高效。

在工作中出现拖延迹象时，不妨给自己设定一个专注时间，并开始倒计时。这样，心理上就会产生紧迫感，从而促使自己能更加集中注意力去完成任务。

这种方法很有效，也更易于操作，是一种化整为零的思想。

设定二十分钟为一个工作的专注时间段。在这二十分钟内，必须专注于眼前的工作，不受任何干扰，直到二十分钟的闹铃响起。

休息五分钟，可以做做深呼吸，或到户外活动一下，让自己的身心适当放松，然后再设定下一个二十分钟的专注时间段。

如果二十分钟还是让你感到无法承受，也可以先设定较短的时间段，如十分钟、五分钟，甚至一分钟的期限。如果在这个期限内能专注工作，就试着适当增加专注时间段的长度。

当在工作时间段内被干扰或无法继续下去时，可以看一下工作时间段的剩余时间，然后暗示自己再坚持几分钟就结束了，从而锻炼自控能力，不让自己拖延。

最后，尝试"创造性拖延"。

所谓"创造性拖延"，就是在完成工作的期限之内，重新调整需要优先处理的短期工作（或步骤）。比如将自己喜欢的那部分工作（或步骤）提前完成，而将自己不喜欢的那部分推后完成，这样也能够实现总体的工作目标，并且还能避免精力的耗费。

要注意的是，优先处理的短期工作必须与总体工目标有关，不能是其他的无关工作。

2

沟通策略：掌握说话的力量

沟通需要交谈，选择对自己有利的话

　　自古以来就有"沟通"一词，随着社会的不断发展，沟通所包含的内容也越来越丰富。要想更好地适应当下，成为沟通高手，就必须刻意学习。谁也不是天生就懂沟通，摸索多了，自然就会掌握这门"技术"。

　　虽然沟通是我们经常要做的事，有时需要花很多心思，但也要坚持必要的原则，如此才能把这门艺术学得漂亮。

　　平时我们不要抱怨人际关系太复杂，也不要因为自己不懂沟通而懊恼。事实上，没有人天生就懂沟通，更多的是需要后天学习。我们要端正态度，用正确、积极的眼光看待谈资。

　　沟通是门人情练达的学问。几乎可以这么说，生活中方方面面都是与谈资是分不开的。同事高升要庆贺、家有喜事要请客……都是谈资的一部分。

　　要想成为善于交谈的人，就要从平常的小事做起，学习礼节，懂得人情世故，掌握交谈主动权等，这些问题都是需要重视的。

　　当然，沟通在不同场合具体内容也不一样。但其原则是一样的。

在交谈中，要用不同的模式思考问题，做事灵活多变、不拘泥，才能做到游刃有余。不要一味彰显自己的能力，也不要咄咄逼人，必要时后退一步反而更好。

那么怎样才能学会沟通这门必要的生存技能呢？我们来看一下具体内容。

首先，在交谈时要记住别人的名字，别看这是件简单的事，其实很多人都做得不够好。每个人都希望得到他人的重视，首先就要记住对方的名字。

当听见别人喊出自己的名字时，被叫出名字的一方会立刻对对方产生一种亲切感。被叫出名字的一方会觉得对方足够重视自己、尊重自己。在与其交往时，自然也会更顺畅。

总之，记住别人的名字是赢得对方好感最直接的办法，我们要善于运用。

其次，在交谈中要避免骄傲自大、目中无人，给对方以优越感，自己适当谦卑一些，这样更容易给他人留下好印象。

骄傲自大的人很容易引起大家的反感。每个人都有自己的长处，也有自己的短处。要端正自己的态度，不能炫耀自己的优点，要客观看待自己和他人。

想要别人成为自己的朋友，首先要把别人当作自己的朋友，要让别人感觉到被重视。因此，我们不要自以为是，多照顾他人的感受，多发现别人的优点。

在交谈时也要一视同仁，不要厚此薄彼，心里可以有侧重，但不能完全表露出来，否则会让人感到尴尬，甚至引起别人的记恨。

有时也许我们是无心之失，不小心说错了，为了避免犯错误，要从心里端正态度。

张倩过生日，请一些亲朋好友吃饭，结果当天下雪了，一半客人都来晚了。张倩很不高兴，一直看手表，她说："怎么回事啊？重要的人都还没来，真让人不高兴。"

已经来的朋友听张倩这么说，顿时就感觉很尴尬，而且也不太高兴，这不是明显厚此薄彼吗？就这样，整个生日餐大家都吃得不痛快。

后来，张倩意识到了这个问题，顿时非常后悔。但大家对她的印象已经不怎么好了。

在沟通中，我们要尽量一碗水端平，不要让大家觉得自己不重要，不受欢迎，这会大大影响你的威信，别人也很难再对你产生好感。

再次，要学会灵活选择沟通场合，不拘一格，还要弄清楚对方的需求。很多时候，所选择的地方会直接影响双方的心情，自然也会影响沟通的质量。

有些人，从来不考虑这个问题，不懂选择正确场合的重要性。

人在沉闷的地方，心情都会感到郁闷。很多实验也都证明，环境对人的心情有着潜移默化的影响。

　　某公司的老板，朋友满天下，很多人一提起他都说："哇，那个人真的太有能力了，很多人都喜欢他，甚至把他当作知己。"

　　许多人都问过他交朋友的秘诀，他说，每次跟朋友聚会，自己总会挑很讲究的地方，氛围好又温馨，对方一来心情就大好；在谈判时，他尽量挑选明亮安静的地方，很多生意都是在这种情况下谈成的。

　　总之，选择对的交谈地点是谈判成功的有力保障。很多懂心理学的人都会注意这点，在谈判和沟通时，必然会在地点上做文章。

　　很多交谈都有必要的手段，虚虚实实、真真假假，我们要学会分辨。在交谈中，不要轻易相信别人的承诺，当然也不要随意许诺。如果你只是玩笑话，但他人当真了，就会很麻烦，因此要尽量避免。

　　同时，也要分清他人是真的友好，或者仅仅是出于种礼貌。很多交谈的话都是不能深信的，点到为止即可。

　　在交谈时要准确记住他人的名字，给他人留下好印象；还要谦虚有礼，不能狂妄自大；也不能只按照个人喜好厚此薄彼，树立不必要的敌人；更要学会适应其中的虚实，选择对自己有利的一面，从而既能达到目的，又能全身而退。

亲和力，用温柔和善的态度赢得人心

亲和力，是指一个人在与别人交往时，所散发出的让对方喜欢、佩服、赞赏的一种吸引力。亲和力有凝聚交往双方的力量，从而建立和谐友好的人际关系，使你的沟通更具有魅力。

亲和力在人际交往中非常重要，无论在职场的竞争中，还是在商业的谈判中，或是在异性的交谈中，具有亲和力的人总是能占据更大的优势。努力打造你的亲和力，可以为你带来更多的好人缘。

公关部的张甜甜就是一个非常有亲和力的人。当时公司里有一个合作项目，需要张甜甜所在的公关部与要合作的公司洽谈。虽然部门的领导们跑断了腿，但合作依然还是没谈成。后来这个任务交给了张甜甜。她接手任务的当天，合同就签下了。

合作公司的经理对公关部刘经理说："你们公司的小张真是太有亲和力了。她那张既真诚又甜美的笑脸给我留下了很好的印象，其他人可没有她那样的亲和力呀。"

刘经理回去后，专门为张甜甜通过自己的亲和力赢得合同的事情开了个会。他希望公关部的每个员工都要好好打造自己的亲和力，以便赢得更多的人缘，争取更好的业绩。

刘经理说："没有人会拒绝一张亲切的笑脸，小张灿烂的笑容感染了对方。事实上，即便对方最初的态度很冷淡，但是你的笑容也可以影响他、改变他，让他喜欢你，觉得跟你很投缘。小张的笑脸就是她亲和力的表现，有了亲和力就能有更多的人缘。"

在沟通中，完美的亲和力是你在交际中获得更多人缘、维护良好人际关系的重要法宝。

亲和力不是别人赐予的，而是我们自己努力打造出来的。在交谈中具有完美的亲和力，就意味着你必须始终保持自信、乐观、阳光、积极的心态。体现一个人亲和力的因素有很多，对于大多数人来说，一些基本因素还是相同的。

比如，融入集体、态度谦恭、团结友爱、和善温柔、真诚善良、能与人同甘共苦等，具有这些品质的人，一般也是具有亲和力的人。

培养亲和力才能广受欢迎，才能赢得更多的人缘。亲和力是沟通的综合体现。具有亲和力的人，一般都能主动掌控人际交往，在交往中占据优势地位；同时，也更容易被对方认可和接纳。

亲和力是你对人友好和善的表现。具有亲和力的人往往很容易在交际中吸引和感染对方。这种人的真诚、友善会很容易打动对方，具有亲和力的人很平易近人，会令对方在与之交往时感到很亲切，没有不舒服的感觉，从而影响对方也采取相同的态度对待自己。

如果一个人在与人交往中表现得傲慢无礼、冷漠并充满敌意，就会使与其沟通的人感到不愉快，并不愿意与之交往。

如果一个人在交往中表现得羞涩、唯唯诺诺，这也不是亲和力。亲和力不是退让，不断地退让并不能保证沟通顺利进行。

亲和力在沟通中发挥着强大的作用，具有亲和力的人，在现实生活中会得到更多的人脉，交到更多的朋友，在人生的道路上也会更加顺利。

在沟通中，拥有开阔的心胸是打造完美亲和力的方式之一。宽容的气度可以减少不必要的矛盾，营造舒适的人际环境，维护人际关系的和谐。心胸开阔的态度给人留出了情绪改变的空间，强化了你的亲和力。

胡锋的朋友多，人缘好，在朋友圈里大家都觉得他为人处世非常得当，有一种超凡开阔的气度。

一次，有一个哥们儿在胡锋的朋友郑钧那里说了他的坏话，想破坏胡锋和郑钧的关系。郑钧把这件事原原本本地告诉了胡锋，他觉得胡锋一定会骂那个人，并会找那个人对质。

胡锋听后淡定地一笑说："我俩做朋友也不是一天两天了，你信他的话，那今后就不用和我往来，如果还相信我，我们仍然是朋友。"

郑钧听后，非常惊讶，原来胡锋是这样一个心胸开阔的人。别人在背后中伤他，他居然能坦然自若。

胡锋说："大家都是朋友，何必无中生有地把关系搞得这么紧张？如果当面说破了，你失去了朋友的信任，我和他断了缘分，这样都不好。"

郑钧听后，非常佩服胡锋的气度。

其实，胡锋能够与朋友始终保持亲和关系，都得益于他对待朋友的宽容大度。

在沟通中，谦恭和善的姿态是打造完美亲和力的方式之二。交际中，谦恭和善的姿态不仅是对别人的一种尊重，也是对自己品行的一种要求。通过这种姿态可以看出一个人的品格、境界和胸怀。

谦恭和善的姿态表达的是尊重、平易近人的态度，可以迅速拉近你与交际对象的距离，提升交际的融洽度，增添交际的亲和力。

在沟通中，用亲切的笑容影响、感染对方是打造你的完美亲和力的方式之三。交谈中，亲切的笑容是留给对方最好的第一印象，是你所付出的最基本也是最重要的感情，在施展亲和力时起到抛砖引玉的作用。亲切的笑容是开启成功交际的关键。只要粲然一笑，你就会赢来许多的人缘。

在沟通中，亲切、温和、得体的话语是为你的交际增添亲和力的方式之四。话语不在于多少，而在于贴心暖心，在于恰巧说到人的心坎里。这样的话语可以使对方与你产生情感共鸣，制造和谐的交谈氛围。

在沟通中，真挚地关心对方是打造完美亲和力的方式之五。再普通的人际关系，只要投入了你真挚的关爱和真情，彼此的内心都会温暖起来。这样就会有更深的交往，更深的交流，感情就会越来越近，越来越深。

培养并打造你完美的亲和力在沟通中是很有必要的。这不仅会给你带来更多的人缘，也会成为你人生成功的决定性因素。

寒暄，切入正题前的重要暖场

在日常交际中，想让谈话融洽地进行下去，需要营造良好的沟通氛围。无论是在街头偶然相遇搭讪，还是有事相约深谈，懂得巧妙寒暄的人，往往三两句话一出口，就能让对方感到如沐春风，瞬间拉近彼此的距离。

那么，何谓寒暄呢？汉语词典里的解释是，见面时谈天气冷暖之类的应酬话。

简单地说，就是嘘寒问暖，目的在于联络感情。与生人会面，能给交往活动建立一个良好的开端；跟熟悉之人相处，能够维持和增进感情。在整个交谈的过程中，寒暄就是一个"导语"，有抛砖引玉的作用，也是必不可少的环节。

陆小姐是一家经销公司的销售主管，她很少在客户面前大谈特谈公司的产品，可她那份亲切诚恳的气质和绝佳的口才，却赢得了不少客户的信任。提起约见客户，公司一位新进的女下属心理压力很大，总是跟陆小姐诉苦，说见面时不知道该跟客户说什么，如果像平常一样打个招呼说声"您好"，会显得特别的死板；要是贸然带着礼物上门，目的性又太强。

见这位女下属做事勤快，人也好学，陆小姐决定好好培养她，若有出差事宜，就找她陪同。有一次，公司遇到了一件棘手的事情，客户对提供的方案不太满意，电话沟通的意思是不太想合作了。为了说服对方，挽回合作的机会，陆小姐决定亲自拜访对方。作为业务代表，随同的女下属心里一直忐忑不安，她想着：见了客户之后说什么呢？是否应该向对方道歉，说方案做得确实不好？如果他们咄咄逼人，该怎么办？

抵达客户所在的城市后，接待她们的是对方公司的副总。见到客户，陆小姐说的第一句话是："某总，我真得谢谢您，在我生日的这一天，让我又回到了自己的家乡。"那位副总是本市人，听到陆小姐这么一说，顿时觉得亲近了许多。

两个人一边走，一边聊这座城市这些年的变化，甚至还攀谈起了当年读书的学校，随行的女业务员听得聚精会神。最后，还是那位副总主动说起合作的事。在此之前，他们两个人已经聊得很投机，气氛非常融洽，合作的事只谈了十几分钟，就顺利达成了一致。

出差回去的途中，女下属跟陆小姐说："以前只觉得你为人亲和，现在才知道，原来你业务方面也那么出色。特别是面对陌生的客户时，一番寒暄就拉近了两人的距离，真不简单。"听着下属的恭维，陆小姐会心一笑，故作严肃地说："我可不是为了让你夸我才带来你的啊！就是想让你知道，谈话是需要氛围的，在正式交谈之前，先说上几句寒暄和问候语，这样能让双方彼此相互认识，让不熟悉的人相互熟悉，让沉闷尴尬的氛围变得活跃起来。"

不可否认，谈话需要轻松愉悦的氛围。这样的氛围有时会在不经意间产生，比如两个人很有默契，相谈甚欢，但有时也需要刻意营造。无论是哪一种，都必须力求自然，就像陆小姐感谢对方有机会让自己回到出生地，看似无意间脱口而出，实际上她肯定早就了解对方的一些情况。越是表现得自然、真切，越是能给人出其不意的感觉，无形中拉近了彼此心理上的距离。最糟糕的寒暄，莫过于为了寒暄而寒暄，或是开口就说了令人尴尬的话题。

赵女士提起自己最近遇见的一件事就非常生气。

她曾经注册了一家服装店，后来就将其转让给了朋友，这需要到税务局办理注销手续。税务局有个会议室，专供办事的人休息使用。因为排队办事的人很多，所以赵女士排队拿号后就坐在椅子上等候。

不多时，邻座的女士开始跟赵女士打招呼，问她："您也是来办事吗？办理什么业务？"

赵女士如实告知，说自己是来办税务注销的。没想到，邻座的女士却说："注销啊？来办这项业务的人不多，多数人都是来申请税务登记，要么就是来买发票。这儿就跟结婚登记处一样，办结婚的人多，办离婚的人少。"

虽然对方说的是一句无心的话，但赵女士却听得一脸尴尬。她之所以注销服装店，就是因为刚刚办理了离婚手续，而这家服装店是她跟前夫共同经营的。邻座的女士看到赵女士沉下脸来，大概也意识到自己说错话了，脸上露出一丝歉意，可又不知该怎么开口。

看出邻座的女士是无心的，赵女士只好假装翻看资料，不再看对方。后来，邻座的女士以去卫生间为由，暂时离开了座位。

看，本来是好心想寒暄一下，没想到却得罪了人，弄得自己也很尴尬。这就是"知其然而不知其所以然"。寒暄不是与人见面时随意说上两句话，找个"话茬儿"就行，具体该说什么、怎么说、在什么样的场合下说，都是有技巧的。

首先，寒暄要选对时机。

不是什么时候都适合寒暄，倘若对方正在忙，此时再怎么悦耳的寒暄都会变成打扰。比如，在电梯间里遇见了朋友，照理说应该寒暄一番，可对方正在跟其他人交谈，或是正在打电话、发消息，那就不要去打扰他，用目光交会，微笑示意就足够了。

其次，寒暄要选对话题。

　　寒暄的目的，是为了给人带来亲切、温暖的感觉，带有问候性，所以在选择话题时，最好选择那种既能让对方乐于交谈，又比较容易回答的问题。比如，老人家身体可好？孩子学习还可以吧？最近工作忙吗？等等。一定要避免那种三言两语解释不清楚的话题。

　　最后，寒暄要灵活变通。

　　寒暄要根据对象的亲疏远近来变化寒暄的语言；依据时间的早晚，变化寒暄的用词。同时还要根据自己的实际情况，决定寒暄语往返的次数。简单的一声问候，三言两句的寒暄，能够让对方感觉到自己的友善，就已经很好了，不一定非要长篇大论。另外，多留意对方的表情，看看他是不是感兴趣，如果他有其他事，或者明显不认可你说的，就不要再说了。

　　巧妙的寒暄，就像是一颗润喉糖，会带给人舒爽的感觉。会寒暄的人，总能让人体会到他那颗善解人意的心，在不经意的瞬间，留下一个美好的形象。既然如此，何不把这颗润喉糖随时带在身边呢？

在特定情况下说有"弹性"的客套话

如果你足够细心，定能从生活中发现一个规律：那些人缘比较好，走到哪儿都受欢迎的人，特别会说"客套话"。别小看客套，它其实是语言艺术的一种，包含着客气、谦卑、热情，也显示着对他人的尊重。

但凡有教养的家庭，大人在教育孩子的时候都会嘱咐一句"见了人要打招呼"，借用别人的东西要说"谢谢"，不小心碰了人家要说"对不起"。实际上，这些最基本的礼貌用语都可以归为客套话，它体现的是一个人良好的修养。

然而，有些人本身素养不错，也很善解人意，可就是输在了不会说话上，尤其是不会说客套话，遇见事情的时候总是不知道该说些什么，或是不好意思开口，结果导致明明是一片真心，最后却不被人理解，甚至被误解成冷漠。

小王是一个程序员，作为技术员他平时很少和别人打交道，回家后也大多是玩游戏。可以说是一个十足的"宅男"。所以他的朋友不多，社交也很少，因此，对于客套话这类的话语更是不太熟悉，可以说就是一个不会说话的人。

有一个朋友去做阑尾手术，术后小王去医院看望他，见这位朋友躺在病床上虚弱的样子，小王没有说一句话，只是握着他的手。之所以没开口，小王肯定是因为当时顾虑太多：说客套话吧，自己不太会，也表达不了心情；不说话吧，又有点尴尬。所幸去的时候带了一束花和一些礼物，不至于显得那么别扭。坐了一会儿之后，小王就离开了医院。在整个过程中，两人真的是一句话都没有说。

这位朋友知道小王的性格一向如此，也没责备。毕竟，这样的沉默比虚情假意的关心要诚实许多。可话说回来，平日里接触的不一定都是懂得小王的人，不懂得表达自己的心意，甚至连一句普通的客套话都说不出口，终究还是会让人觉得有点儿"不会办事"，至少没有达到理想中的安慰病人的效用。

人在生病的时候，情绪往往不稳定，焦虑、沮丧、悲观时常来叨扰内心，惹人胡思乱想。况且，医院的环境比较封闭，四周全是单调的白色，时而还可能听到邻床病友们的一些"坏消息"，令人惴惴不安。为了缓解病人的情绪压力，让病人放下心理包袱，在探望病人时说两句充满真情和祝愿的客套话，是必不可少的。

　　我的小姨是一位大学老师，她在一次体检时查出患有乳腺癌，近期在医院做了手术。术后，不少亲戚朋友都来看望她。她的同事 L 刚一进病房就先笑，坐到床边握着她的手说："我听说你得了点小病，这几天学校的事情特别多，拖到现在才来看你。"

　　听对方说自己得的是"小病"，小姨刚刚还阴郁的脸，顿时露出了一丝喜悦。L 连忙又说："我看你的气色还不错。像咱们这个年纪的女人，得这病的人还真是不少，去年我们家邻居也是这样，做了手术之后，回去养了一个月就好了，现在一点儿事都没有。"小姨本来心里对自己的病还有点担心，听 L 这样一说，心里顿时舒服多了。

　　L 看到床头放着一本书，随手翻了翻，感叹道："我真羡慕你呀，还能在这里看看书。有时候，我都想到医院里来'躲'上几天，抽空读读书、看看电影，现在每天家里家外忙得我呀，一点儿闲工夫都没有。"我小姨的女儿在一旁听着，不由得笑了，心想：这个 L 真是会说话，难怪母亲平日里老念叨跟她聊得来！

　　临别时，L 又说道："顺便告诉你一下，我爱人他们单位发了两张话剧的票，恰好是一个月之后的，到时候咱们一起去看！你好好养着，我过些天到家里去看你。"L 走了，可她说的这些话却像阳光一样，让我小姨心里暖暖的。

　　客套不是虚伪，是礼貌和尊重。无论生活还是工作，都需要语言作为纽带，会说客套话的人，处理人际关系总能游刃有余，让人喜欢听、愿意听，提出的意见或建议也更容易为人所接受。不会说客套话的人办起事来就略显尴尬了，可能会造成不必要的误解，出现人际关系障碍，时间一长，就会给人留下不好接触、不会处世的印象。

客套话说起来要给人言必由衷的感觉，字字句句透出真诚，不能让人觉得是虚情假意的恭维。有时，客套除了用语言以外，还可以借助眼神、手势，总之要透出礼节和真意。

日本松下电器公司的 CEO 松下幸之助，就是一个很会运用客套的人。他在交托下属去做事的时候，总忘不了要说一句"这件事拜托你了"；遇到员工时，也会鞠躬说"辛苦了"之类的客套话；有时还会亲自给员工倒一杯茶、送一件小礼物。因而，员工们对他也是非常尊重，乐意为之效劳。

下面，我们来看一些常用的客套话，这些话无论是在工作中还是生活中，无论是和陌生人还是熟悉的人，都应该常说：

> 初次见面说"久仰"，好久不见说"久违"；
>
> 请人评论说"指教"，求人原谅说"包涵"；
>
> 求人帮忙说"劳驾"，求给方便说"借光"；
>
> 麻烦别人说"打扰"，向人祝贺说"恭喜"；
>
> 请人改稿说"斧正"，请人指点用"赐教"；

求人解答用"请问"，赞人见解用"高见"；

看望别人用"拜访"，求人办事用"拜托"；

宾客来到用"光临"，送客出门称"慢走"；

招待远客用"洗尘"，陪伴朋友用"奉陪"；

请人勿送用"留步"，欢迎购买叫"光顾"；

与客作别用"再见"，归还物品叫"奉还"。

概括起来，想让别人怎么对你，你就要怎么对别人。客套看似平常，却可以把人际关系引入一个良好的互动中，像柔风一样暖人心窝。

用"我们"与对方成为自己人

在沟通的过程中，如果总是把"我"字放在嘴边，会给人很自私，很狭隘，没有团队协作精神之感。这样的人不但没有人愿意与之成为朋友，而且企业也不会乐于接受这样的员工。所以，无论与什么人沟通，都不要把"我"字放在嘴边，所谓"说者无意，听者有心"，即使你不是故意的，但是别人还是会觉得很不舒服。

与人沟通时把"我"变成"我们"，百利而无一害。这是因为把"我"字变成"我们"，不仅能显得非常谦虚还拉近了彼此的距离，说出来的话别人很爱听，听了爱听的话自然就会心情舒畅，这样你在与其谈事的时候也就不会有很大的障碍了。

一家大型公司发出招聘信息后，应聘者接踵而至，多达百余人。当时，公司只需聘用两人，于是在一番精挑细选后，从众多应聘者中挑选了三人，进行下一轮的角逐。

由该公司高层管理人员组成的招聘小组经商讨后，为这三人出了一道这样的题目："假设你们三人一起开车去森林探险，结果车子在返回途中抛锚。这时，车内只有四样东西供你们选择，分别为刀、帐篷、水和绳子。请你们按照这些物品对你们自身的重要程度进行选择吧。"

其中的一位男士首先答道："我选择刀、帐篷、水、绳子。"

负责招聘的高层领导问："你为什么把刀放在第一位？"

这位男士说："我不想害人，但防人之心还是要有的。帐篷只能睡两个人，水也只有一瓶，万一有人为了争夺生机，想谋害我怎么办？我把刀拿到手，也好进行自我救助啊。"

其中的一位女士说："水、帐篷、刀、绳子这四样东西是我们大家都需要的物品。"

"我们大家"这个词引起了招聘负责人的兴趣，他微笑着问这位女士："说说你的看法。"

女士解释说："水是生命之源，尽管只够两个人喝，但大家都谦让一点，省着点是可以共同度过危机的；虽然帐篷只够两个人睡，但三个人可以轮流睡；刀也是路上必不可少的；当我们遇到不好走的路时，可以用绳子把大家绑在一起，以防丢失。"

另一位男士的回答与这位女士的回答大致相同。

结果，第一位男士被淘汰出局。

这就是把"我"字挂在嘴边给人们带来的不利影响。一个过分以自我为中心的人，无论做什么事情都喜欢表现自己，什么事都抢着去做，把功劳归在自己的头上，过错推给别人，这样的人很令人讨厌，没有人愿意与这样的人为伍。

　　一个肥胖的女孩来到服装店买 T 恤，可是试了很多件都不满意，自己喜欢的穿不上，能穿上的又不好看，她看着镜子中的自己感到有点自卑，甚至想一走了之不买衣服了。这时候，一个和她身材差不多的导购小姐走过来问："是不是很难挑到中意的？"

　　"是啊！"

　　"像咱们这样身材有些胖的人，很难买到合适的衣服，我就经常买不到。"

　　导购的话一下子说出了女孩的苦恼，女孩点点头说："就是啊，很多衣服我都很喜欢，可是没有大号，我穿不了。"

　　接着，导购耐心地向女孩传授了一些胖人穿衣服、挑衣服的技巧，最后说："我们店里的衣服款式很多，而且号码齐全。瞧，这件就很适合咱们，你试试看。"

　　女孩对导购亲切的话语充满了好感，而且对导购的眼光很信赖，试穿之后立即决定买下。

　　导购正是用"咱们"一词，将自己和顾客从买卖关系变成了面临同样问题的"自己人"，结果，客人当然就对她增加了信任度和好感。

　　与人交谈时，用"我"和"我们"的差别就在于听者的感受。我们都比较喜欢听"我们"这个词，比如，"这是我们共同的家园""这是我们共同的学校""这是咱们共同的公司"，这么说的目的就是要用"我们"将听话者变为自己人，激发听话者的积极性、主动性、自觉性。如果将"我们"换成"我"，听话者心里必然会产生想法，认为你对他不够尊重，同时也会认为你是一个极度自私的人，从而对你提高防范心。

　　所以，聪明的人无论与谁说话，都会把集体观念摆在心中的首要位置，把"我们"挂在嘴上，让说出去的话发挥出联络感情的作用，这会为你的社交大开绿灯。

幽默表达，在风趣中进行沟通

　　美国心理学家赫布·特鲁说："幽默可以润滑人际关系，消除紧张，减轻压力，使生活更有乐趣。它可以把我们从个人的小天地里拉出来，使我们一见如故，寻得益友。它还可以帮助我们摆脱窘迫和困境，增强信心，在人生的道路上迎难而上。"所以说，幽默是一种十分奇妙的沟通力，只要在沟通中融入了幽默的元素，沟通就一定是令人愉悦的。

　　幽默可以建立良好的沟通力，从而帮助我们解决生活中的一些难题。

　　在日常交际中，一个卓越的沟通家或许不是最会说话的人，但是，他却善于运用幽默，透过幽默的表达方式，让听众更容易接受他所表达的意思。幽默本身就有一种神奇的令人感到快乐的力量，因此，我们也说，幽默是一种奇妙的沟通方式。

　　王蒙先生不单单是一个作家，而且还是一个出了名的幽默大师，在他的许多文学作品中都蕴含着幽默、诙谐、辛辣、豁达的语言。

　　有一次，王蒙先生应邀到上海某大学进行演讲，当时台下同学的积极性并不是很高，于是，风趣的王蒙先生便以幽默的方式开了头，他一开始是这样说的："由于我这几天身体不太好，感冒咳嗽，不能多说话，还请大家谅解。不过，我想这不一定是坏事，这是在时刻提醒我——多做事少说话。"他的这句幽默的开场立即把台下同学的情绪调动了起来。在他的整个演讲过程中，诙谐的语言不时地冒出，台下热烈的掌声也不时响起。

　　当王蒙先生提到读者与作者的关系，以及如何更好地把握一部作品的时候，王蒙先生以风趣的语言为这个在一般人看来是非常严肃的话题做了解说："我希望大家在评论一部作品时，不要轻易下结论，要反复地多读几遍，读懂，读透。千万不要像有些人那样，看到我走路先迈左脚，就说'王蒙犯了"左倾主义"'；看到我先迈右脚，又说'王蒙犯了"右倾主义"'；如果我因为感冒咳嗽用手绢擦了擦流出的鼻涕、眼泪，他就喊'王蒙现在又沮丧、颓废啦'……"听到如此犀利、生动又充满了幽默感的语言，台下昏昏欲睡的同学的热情瞬间被点燃了，在王蒙先生结束演讲之后，许多同学还对他恋恋不舍，还想再听他讲一次。

　　在日常交际中，幽默就像必不可少的调味剂，如朋友聚会、结伴旅行，当大家都感到疲惫或长时间静坐无语的时候，这样的气氛是让人感到沉闷和难受的。这时，假如一个充满幽默感的人说了一句笑话，一定可以改变当时的气氛，从而带来快乐，让人们忘记暂时的疲惫和烦恼。若是在朋友聚会中适当开个玩笑，也可以营造一种活跃的气氛，让彼此的友谊更加坚固长久。

众所周知，乱丢垃圾是一个让人十分头疼的问题，不过，荷兰一座城市却采用了一个十分有趣的方法，从而使这座城市变得非常干净。这个城市曾采用增加罚金和加强巡视的方法，不过这样所起到的作用并不大。后来，城市管理者想到了一个方法，那就是在垃圾桶上装一个录音机，让垃圾桶和那些乱丢垃圾的人"说话"，每当垃圾被倒入垃圾桶之后，垃圾桶就会说一段笑话，不同的垃圾有不同的笑话，用这样的方式来吸引更多的人自觉地倒垃圾，当然，效果不言而喻。

类似的幽默在美国也有。在美国街头，当垃圾被扔进一些垃圾桶的时候，垃圾桶就会说："好吃，好吃，再给我吃点。"幽默的神奇之处在于，当我们善于用幽默表达意见时，将会更容易被人接受，这样一来，彼此的沟通自然更加顺利。

掌握语言讯号，说服将变得很简单

　　人类的行为可以发出两种不同讯号——语言讯号和非语言讯号。其中，语言讯号是最易于寻找和识别的，而非语言讯号（包括肢体语言、面部表情语言甚至肌肉自主抽搐等身体反应）则难以被察觉，因此往往被人忽略。但正因为它不易被察觉，经常被忽略，才使得人们很难对其进行作假和包装。

　　如果能够掌握非语言讯号告诉我们的信息，对于了解一个人或事情的真相就显得容易多了。

　　那么，非语言讯号和我们讨论的说服之间，又有怎样的关联呢？

　　公司的茶水间贴有明显的"禁止吸烟"的标志。但最近，在新进公司的几个男同事的影响下，这个标志被吸烟的男同事完全忽视了，以至于他们总是三五成群地在茶水间吸烟聊天，这让身为行政人员的小曹很是头痛，总担心行政经理哪天就这个情况而说她工作不负责任。

　　于是小曹决定去说服吸烟的男同事，请他们不要在茶水间吸烟。

　　直接向他们提要求肯定是行不通的，这样做不仅不管用，很有可能引起他们的反感。小曹通过几天的观察，她发现男同事们在吸烟的时候，总是不自觉地朝里面的办公室张望——行政部办公室就在里面，这些迹象表明他们还是有所顾忌的。

但是，行政经理办公室与茶水间之间的视线被一盆盆栽挡住了，除非站在办公室门口，否则根本看不到茶水间的情况。于是，小曹请清洁工将那盆盆栽挪到了走廊的另一端，这样从行政部到茶水间的视线就完全敞开，在行政经理办公室即可将茶水间一览无余。

果然，盆栽移走的第二天，男同事们几乎就没有在茶水间吸烟了，小曹也终于解决了心头之患，成功地"说服"了吸烟的男同事们。

从上面的例子可以看出，说服不一定真的需要"说"，不用语言的说服，同样可以达到目的。这就是非语言讯号与说服之间的关联——通过对非语言讯号提供的真实信息的揣摩与分析，并将其与说服对象的心理诉求结合起来，从而大大提高了说服的成功率。甚至可以这样说，结合非语言讯号而进行的说服工作，其成功率明显高于仅仅根据语言讯号而进行的说服工作。

从心理学的角度来说，每个人都具有一定程度的超感官知觉，即人对事物的认知在某些情况下可以不通过我们通常认为的感觉器官，而是通过"非眼视觉""遥听""预知"等所谓的"超能力"。超感官知觉的存在，可以帮助我们更好地把握说服对象所传达出来的非语言讯号。

但是，对非语言讯号的观察与把握，并非是一件容易的事情。观察的准确性、把握的程度都与执行者的社会阅历、认知习惯、反应速度、归纳整合信息的能力等基本素质有相当大的关系。

一个善于观察、把握非语言讯号的人，一定是一个有着丰富生活经验的人，没有一定时间的自然积累，是难以实现的。

据社会心理学研究表明，若一个人各方面的基本素质均衡且处于社会中等水平，那么假设他在二十二岁左右的这个心理、生理状况处于较好上升状态的时间点，开始有意识地培养自己的察言观色的能力，到他基本可以对观察对象达到 80% 的准确认识，通常需要一年半的时间。当然，这个时间的长短是随着上面那些假定因素的不同而有所改变的，但一般不会早于一年。

如果希望根据非语言讯号而实现成功的说服工作，建议首先在日常工作及生活中有意识地去培养自己捕捉周遭情况的能力，以便为后面的说服工作打下坚实的基础。

说话有分寸，绝不在该说与不该说上犯错

话不在好，而在顺耳。好听的话，他人更容易接受；难听的话，对方只会抗拒。同一个意思，有的人说别人就乐意听，有的则不然。这就是表达方式不同的结果。

会说话是一种技巧，如果掌握了，即使不好听的话别人也能听出善意；不讲究方法，纵然是表扬，对方也不会领情。

王树是个"大嘴巴"，每次提到他，大家都一脸嫌弃地说："那个人太不会说话了，好话到他嘴里都变味了，更别提坏话。"

小区里张大爷的儿子为了救掉到河里的孩子去世了，张大爷非常伤心，一时很难接受事实。

大家知道后，都想去安慰一下张大爷，希望他能接受事实，振作起来。

王树知道后，也想去表达自己的同情。

王树见到张大爷后发现，他不哭也不说话，只是呆呆地看着儿子的遗像，大家都在一边暗自叹息，不知道该怎么开口。

王树在张大爷家待了一会儿就按捺不住了，他张口就说："张大爷，你不要难过了，你的儿子已经死了，他再也不会回来了。"

听了王树的话，张大爷像是受到了什么刺激，抓起脚下的东西就砸向王树："你这个多嘴的王八蛋，给我滚，我儿子没死，你儿子才死了呢。"

张大爷气得眼泪直流，话都说不清了。

这时，小区物业的负责人来了，他思忖了一会儿后说："小孩子掉进了河里，多亏了你儿子英勇仗义，虽然他离开了我们，但他会永远活在我们心中。"

"对，大家都会记得他。"

"他是我们心中永远的英雄。"大家纷纷说道。

张大爷终于哭出声来，含糊哽咽地说："我儿子还这么年轻，我……我真是不敢相信啊。从早上开始，我的右眼就跳个不停，没想到居然是这么大的祸事。"

听了小区物业负责人的话，张大爷虽然还是非常难过，但他终于理智地接受了儿子已经去世的事实。

张大爷痛失爱子，悲痛难当，王树张嘴就说张大爷的儿子已经死了，老人当时最不想听到"死"字，被刺激后，情绪更不稳定。小区物业负责人的话却不同，他肯定了老人儿子的价值，他的死是有意义的，是仗义的。如此，老人虽然还是难过，但也知道这是没办法的事，只能接受。

　　文中的两个人表达的是同一个意思，但方式不同，产生的效果也有很大差异。

　　没人喜欢听不合时宜的话，尤其是批评，说得不好肯定会得罪人，哪怕你出发点是好的。生活中我们经常说"他是刀子嘴豆腐心"，了解你的人，也许会看到你的内心，但是外人却不知道。如果不懂说话技巧，不能深入人心地表达，你的"刀子嘴"会伤人无数。

　　说话要照顾别人的感受，要尽量用委婉的方式诉说，把话缓缓说到对方心坎上才能达到想要的效果。

　　心理学家说过，"并不是所有的人都能听进去逆耳的忠言"，明明是好话，但表达方式不对，对方就不领情。其实，我们完全可以将忠言说得顺耳一些。

　　说话讲究表达，能让人感觉温暖；如果不注重说话艺术，伤人伤己。前后一对比，我们可以明显看出，说话讲究表达方式的重要性。

　　一个意识不到说话方式重要性的人，很难在交际道路上走远。我们在社交中，一定要认真思索，避免一时冲动说出伤人的话。难听的话，比利剑还要伤人。

　　不会说话，不仅仅是容易得罪人这么简单。凡是在交际中顺风顺水的人，都是擅长说话的高手，不论说什么，别人都爱听。好口才可以帮助我们打开他人的心门，拉近彼此的距离，更容易达到社交的目的。

说话体现了一个人的整体水平，所以，在任何场合我们都要重视表达，成为能用话语赢得人心、温暖他人的交际高手。

在生活中与他人交流时，一不注意就会说错话，让他人生气，每当此时我们都会很郁闷。自己明明不是如此想的，但说出来的话却让人误会了。这是因为我们的说话技巧还有待提高，所以，平时要多学习表达技巧。

首先，在跟人说话时要控制自己的情绪，不要因为自己心情不好，就冲着他人发泄。听你说话的人，会觉得你莫名其妙。所以，当你在气头上时，最好的方式是暂时保持沉默。等情绪平复了再用温和的态度跟别人交流。好的态度，也是一种良好的表达方式。

其次，还要明白说话是种沟通方式，不是攻击别人的手段。有些人开口就是"你不要怎样""你是不对的"，对方听后肯定会不高兴。说话时少用否定词，多用肯定语气。

完全可以用温和的方式让对方明白，带着攻击性说话是最差劲的语言沟通方式。让他人感受到你的心意就可以了，没必要再说伤人的话。

再次，在说话时要利用好幽默的表达方式。在跟人说话时，会有很多不确定性，如果遇到不好说的话题，怕得罪人，完全可以利用幽默来表达自己的意思。

有些话，如果我们说得很严肃，别人心里难免会不悦，会感觉到无形的压力。在交际过程中，幽默可以缓和气氛，减少对方的对立情绪，你的表达会更深入人心。

有个人去小酒馆喝酒，刚喝了一口就吐了出来，酒太酸了，他一拍桌子就开始大骂："这是什么酒啊？酸死了，你们这里简直就是黑店。"

老板也不是省油的灯，哪里受得了这份气，立刻找来伙计，把那个客人打了一顿。

这时，又来了一位年轻小伙子，他说："这是怎么回事啊？在表演格斗吗？"

老板一听，怒气顿时消了一些。

小伙子知道因由之后，自己也品尝了一口酒，他皱着眉说："哎呀，你把我也打一顿吧。"

老板愣了一下，继而明白了小伙子的意思，大家都笑了起来。老板立刻让人换了新酒。

两个客人，都在说酒难喝，一个因为不会说话挨了打，另一个则幽默地说服了老板。由此可见，幽默的话语永远是打动别人进行温和交谈的法宝。

　　最后，在说话时不要做"冒失鬼"，懂得三思而后行。有些人说话不经过大脑，这样的人在交际中很容易触碰别人的"雷区"，引起他人的反感。每个人都有忌讳，我们在说话时要尽量避免。如果非要表达，则要含蓄一点，或通过暗示性的话将其表达出来。

　　"祸从口出"，通常说的就是这种冒失、口无遮拦的人。我们要学会谨言慎行，把话说对、说好。

　　说话的方式有很多种，面对不同的人、不同的场合，我们要灵活运用，不要不合时宜。说话要讲究方法，只有做到这些，才能和谐地处理好彼此之间的关系。

第三章

社交策略：一眼看穿他人心
理，掌控社交主动权

通过微表情，看透对方的心理

　　面部可以做出各式各样的细微表情，微妙又复杂。但也正因为如此，它能更准确地传达内心的信息，反映真实的情感。如果我们能迅速捕捉到微表情，在对方没开口之前就会得到一些有用信息，这对于如何说服一个人来说，是至关重要的。

　　在生活中，每个人都会有"微表情"，它只能持续不到一秒钟的时间，是一种不受控制的、下意识的动作。但这种一闪而过的表情，是最真实的。

　　林超家里要盖房子，为了让新家更宽敞，他想稍微扩大一下自己的空间，邻居一看他占了公共部分，自然不乐意，还告诉他："你要是敢占地方，我就去告你，你看着办。"

　　看到邻居这么强势，林超很苦闷。他不敢明目张胆地跟邻居作对，但也实在想让新家宽敞一些。

　　有人和林超说："你可以去请杜老大帮忙，他在我们这里非常'横'，大家都怕他。请他来助阵，谁也不敢再说什么了。"

林超一听，觉得是个好办法，于是赶紧去超市买了很多礼物。

"杜老大，我想请你帮个忙，"林超把礼物堆在杜老大面前，"你帮我吓唬吓唬我邻居吧，他阻止我盖房子，真是太可气了。"

杜老大是个好吃懒做的人，一看林超带来的礼物，两眼直放光。

"行，行，没问题，不就是吓唬人嘛，我最会做了。"杜老大收下了礼物，"明天中午我就去给你出气，到时候等着我就行了。"

林超一听有戏，赶紧表达谢意，高兴地回家了。

一到家他就对邻居放出狠话，说明天中午要他好看。

结果，第二天中午，林超跟邻居吵翻了天，杜老大也没来。林超不占理，被邻居骂得非常难听，还差点动手揍他。幸好有人拦住了邻居，林超才没挨揍。

后来林超才知道，杜老大根本就不想帮他，人家跟邻居是远房亲戚，白收了他的礼还不办事。林超仔细回想，杜老大当时表情淡定而窃喜，一副云淡风轻的样子，他本来就没打算帮忙。是自己笨，没有及时察觉，赔了夫人又折兵，只能自认倒霉。

如果林超能及时捕获杜老大脸上的表情，他就不会吃亏上当。杜老大当时一闪而过的窃喜表情，说明他在打坏主意，这是很真实的心理写照。

有人说过："面部表情是经过很多个世纪培养成功的语言，是比嘴里讲的复杂千百倍的语言。"如果我们能读懂他人的面部表情，就能明白对方的内心思想。面部表情折射了人物的心理，这是不争的事实，只有学会察言观色，才能更好地窥探人心。

事实上，那些心细的人，在跟别人交谈时，通过观察就能确定对方是否喜欢跟自己交谈，能否给出满意的答案。神色、表情都是很好的判断依据。

有些人，虽然才华横溢，却总是不得志，很大一部分原因就是识人不明，看不懂对方的真实意图，自然也难以迎合别人，甚至树了敌还不知道。学会看透别人的内心，才能保护自己，才能得到他人的真正认可。

交际是扩大自己关系网的必要手段，在这个过程中，必须练就火眼金睛，善于观察，不错过对方任何一个表情信号，及时发现有价值的信息，为做好交际打下良好的基础。只有这样，才能在交际中实现自己的目标，并拥有更美好的未来。

有人说"眼睛是心灵的窗户"，那么我们也可以说"表情是心灵的镜子"，我们要做的是，通过"镜子"反射的信息，看透对方最真实、最有价值的信息。

通常，人在惬意、精神比较愉悦的时候，面部表情是非常放松的，看起来很生动。因此，我们可以通过这些来判断对方心情如何。嘴角轻扬，嘴巴微张，眉梢带着喜悦等等，这些表情都能说明对方的心情很愉悦。

当一个人悲伤郁闷的时候，脸色通常会黯然，眼睛会失神无光。当我们遇到不高兴的事，心情悲苦沉闷，就会不自觉地凝眉。脸色由于大脑分泌的悲情因子而变得黯然，没有光泽，眼神也不再熠熠生辉。如果你与人交谈时，发现对方表情呈现这样的状态，那你就要懂得适可而止。

当一个人脸上的表情夸张而僵硬时，则证明他不是真的高兴或悲伤。真正的开心或悲伤是掩藏不住的，就算一个人伪装得再好，他的表情也会暴露。如果一个人不是真的快乐或悲伤，那么他会下意识地去隐藏真实的情绪。这时他们脸上的表情会表现得很夸张，大笑、大哭或表情僵硬。而且，这种夸张的表情会持续得比较短暂，时间一长，眼里肯定会透露出疲惫或黯然。

除此之外，还有一些具体的表情符号，我们也要懂得。在交谈时，如果对方的嘴角下垂、眼神暗淡，则表示他感觉不自在，很尴尬。

如果对方嘴巴抿紧、鼻孔向外翻，则表示这个人很生气，这时候你要赶紧远离或及时调整紧张的气氛，万不可火上浇油。

在交际中，我们还要善于区分别人的笑容。有的笑容是真心的，有的则不是。当一个人发自内心地笑了，眼角会有轻微的皱纹，伪装出来的笑容通常则没有。

当别人的瞳孔忽然放大，激动、兴奋、恐惧等都有可能是其情绪变化的原因；当别人开口说话后，立即抿嘴，则表示他对自己的话很不自信，甚至怀疑自己；如果对方脸上惊讶的表情持续了几秒，或眉毛上扬，则表示他不是真的吃惊。

还有一些人脸上几乎是没有表情的，很难捕捉到他们的表情变化。这类人往往都是社交高手，心理素质非常强大，能做到喜怒不形于色。在跟他们交往时，说话做事更要小心谨慎。他们不但善于伪装自己的情绪，还是洞察他人表情的高手。

其实，没表情也是一种表情，如果我们深谙洞察之道，还是能看清对方内心，看破对方伪装的。

在与人交往时，如果我们不懂他人的表情，就容易误解对方的真实意图，形成错误判断，难免会感觉掣肘。如果我们真正洞察了他人的表情信息，就能得到更多有价值的东西，如此才能收获更多，才能成为拥有火眼金睛的高效能人士。

读懂眼睛，就能挖出对方内心想法

　　眼睛是反映内心的窗口，一个人的心里在想什么，通过对其眼睛的观察就能够明白。一个人的语言可以说谎，但是眼睛却不能欺骗他人。因为眼睛的运动是独立、自觉、不受意志控制的。一个人眼睛所传递的信息是最真实的，也是最有价值的。

　　琳琳从老家北上，到北京打工。一开始在一家百货公司的化妆品专柜做销售。

　　有一次，她遇到一个客户在她们专柜看了很久，对某些化妆品很感兴趣。这位女士拿着一套化妆品不停地翻看。琳琳看到后很高兴，她认为这位女士一定是准客户。于是，她认真地为这位女士介绍这款化妆品。

　　琳琳连续讲了十几分钟，这位女士依旧无动于衷，仅仅是睁大眼睛盯着她看。等琳琳讲完后，这位女士拿着化妆品考虑了一会儿后就还给了琳琳，并且转身走了。

　　琳琳不明白，明明看到这位女士非常喜欢这款化妆品，而且自己还详细地向她做了介绍，可为什么最后她离开了呢？

从这个故事中我们发现，在销售过程中，销售员想要抓住客户的眼神并不难，但是，正确解读客户眼神里反映的心理活动就很困难了。从不同的眼神中了解到对销售有用的信息，有助于我们达成交易。实际上，这位女士睁大眼睛一直盯着琳琳看，就已经表现出了她的态度和情绪。琳琳虽然注意到了，但是，她根本就没有正确解读出其中的意思。

眼神能反映一个人的心灵，心灵是眼神之源。就算是人的眼神转瞬即逝，我们也可以从中观察到很多信息，看到对方丰富的情感和意向，从而掌握他们内心深处的秘密。眼球的转动，眼皮的张合，视线的转移速度和方向，以及眼睛与头部动作的配合，这些动作都在不断地传递着信息。所以，在同一个人交谈的过程中，一定要从对方的眼睛里找到有用的信息。

保险推销员小周拜访一位客户时，是一个中年妇女出来开的门。她一看是个陌生人，就没有多说话，只是用充满敌意的眼神看着他。小周马上将自己的名片递上，并主动做了自我介绍。女主人仅仅说了一声："进来吧！"小周感觉这个客户的眼神很冷漠，告诫自己一定要小心交流。

　　进屋后，小周简单地对自己的业务做了介绍。女主人用怀疑的眼神看着他，并且态度很冷淡，虽然她没有说什么，但是她对小周有些害怕。小周知道客户对他很警惕，因此，他试图消除客户的这种态度。于是，他说："我们是有信誉的企业，在这个小区里，已经有很多客户买了保险。最近，我们公司又推出了新的业务，特别适合您这样的家庭。您考虑一下。对了，前几天您楼下的张太太也买了一份，您问一问她就知道了。"

　　听小周这样说，女主人才慢慢放心。就在这个时候，女主人的小孩放学回来了，于是小周便同孩子一起玩。女主人看到小周对自己的孩子很好，很会哄孩子，就对他的看法有了改变，认为小周是个真诚而负责的人。于是，她看小周的眼神也变得友好多了。小周抓住时机再次对女主人进行了推荐，最后，女主人决定购买他的保险。

　　在销售中，销售员难免会遇到一些防备心理很强的客户，也会遇到和蔼的客户。通过眼神判断客户的心思，将有助于我们更好地开展销售活动。下面，就来解读几种不同眼神的含义。

　　首先，直盯着销售员看。

　　销售员在同客户交流的时候，经常会发现有的人会直盯着自己。这个时候，很多销售员都理解错了客户的想法，以为客户对产品感兴趣，但是，最后客户并没有购买。事实上，客户在盯着你看的时候，是他们对你说的话或你的产品有质疑。假如这个时候你理解错了客户的意思，销售就很容易出现问题。就像开头案例中的那位客户一样，她一直盯着销售员琳琳看，就说明她对所介绍的产品有怀疑的态度，但是，这个时候琳琳却暗自高兴，以为客户对产品很关注，结果却导致客户离开。

其次，眨眼的频率。

在人际交往中，当一个人不赞同另外一个人的观点时，他通常会挤一下眼睛，频率非常慢，以此来表达他的蔑视和嘲笑。在销售过程中也是如此，当你发现客户眨眼的频率很慢，那就说明客户对你的东西没有兴趣，假如这个时候你依然继续讲下去，一定会引起客户的反感。这个时候要积极地改变策略，转移话题，通过另一种方法来说服客户。如果你发现客户的眨眼频率变快了，那就表示客户在思考你的产品，你的话起到了一定的说服作用，客户有点动心了。

最后，斜眼看销售员。

当客户的目光变得游离，从你的身上转移到了其他地方，或者斜着眼睛看你，那么就说明客户对你或你的产品有了兴趣，希望进一步合作。当然，也有可能是客户对你很厌烦，有警惕的心理。因此，这个时候就需要你细心地观察和分辨。通常来说，假如客户斜着眼睛看你，他们的眉毛轻轻上扬，或者是微笑着就可能是认可你，并对你的产品感兴趣。这个时候，销售员一定要抓住时机，趁热打铁，促成交易。假如客户的眉毛压低，眉头紧锁，或者嘴角下拉，说明客户对你的敌意增强了，此时，你就要想办法消除客户心中的疑虑，重新将客户的兴趣吸引过来。

总之，客户的眼神更能反映出他们的想法，要比他们的语言可靠得多。销售员应该学会准确判断客户的眼神，从他们的眼神中不断地获取信息，以便在洽谈业务时取得事半功倍的效果。

掌握对方"口头禅"背后的心理信息

　　"道歉有用的话要警察干吗？""我对别人的话不感兴趣。"这是曾经风靡一时的两句口头禅。

　　说第一句话的人是个骄傲自大、有些目中无人的公子哥；第二个人是个凡事都不上心、患有轻微自闭症的人。

　　从这两句口头禅中，我们对其性格能够了解得比较透彻。一个人的口头禅，往往会从侧面暴露他的性格特征，从而掌握了一个人的个性特征，对于说服一个人就会起到至关重要的作用。

　　积极的人说的口头禅会给人动力，会让大家认为你是个积极的人，从而赢得别人的青睐。

　　晓月是一个设计公司的文员，平时只管一些闲杂之事，在人才济济的设计公司，她的存在原本应该是很不显眼的。但事实却恰恰相反，她不仅得到了领导的赏识，还是整个公司的"人气王"，大家都非常喜欢她。

　　其中，很大一部分原因都得益于她经常说的口头禅"还好"。

这是一句很积极的口头禅，大多数人听到都会很高兴。事实上，晓月也是一个积极乐观的人，不管什么时候、遇到什么困难，她都能看到希望。

"晓月，我今天真倒霉，因为堵车迟到了两分钟，气死人了。"一位女同事大早起的就开始跟晓月抱怨。

"还好，幸亏只迟到了两分钟，要是再多迟到一会儿，就撞上经理了。"同事听了晓月的话后暗自觉得庆幸，也就不生气了。

"晓月，凭什么年度优秀员工是小赵不是我啊？我哪里做得不好？"

"其实你也还好了，不是给你加薪了吗？加薪比评优秀更实惠。"晓月笑呵呵地安慰同事。同事听了，心情很快就多云转晴了。

因此，公司里的人每每提到晓月，都会忍不住竖起拇指说："她为人积极乐观，真是一个不错的女孩子。"

这个评价，大家基本上都是从晓月的口头禅中得出来的。

就这样，晓月在公司越混越好，没过多久就升职加薪了，大家都为她感到高兴。

大家为什么喜欢晓月？是因为她的积极乐观。大家为什么认为她积极乐观？是因为她带有积极意义的口头禅。大家通过口头禅了解了晓月的性格特征，从而认可了她。并且晓月通过别人的语言了解到他们的烦恼，从容地说服对方忘掉不好的事情，让她在公司里赢得了好人缘。

每个人的成长环境和生活经历都有很大区别，久而久之，说话方式和喜好就会有自己的特点。经常说的口头禅，就代表了你的性格特征和个人喜好。

简而言之，口头禅就是一种个人的说话习惯，也许开口之前没经过大脑，但它却真真切切包含了说话人的心理活动和性格特征。因此，平时不要小觑别人的口头禅，尤其是在交际中，更要留心。很多时候，稍不注意，口头禅就已经"出卖了"我们。

在跟他人交往时，我们要尽量避免说否定自己、偏激、带有严重感情色彩的话。很多人都经常说"我不行""最讨厌这个""人心隔肚皮""烦死了""郁闷"等含有否定意义或悲观情绪的话。

事实证明，没有人会喜欢这样的人，大家面对他们时，往往会敬而远之。

一般情况，积极的人会有积极的口头禅，消极的人说话也会带着消极。我们的性格影响了口头禅，反过来，口头禅也会给予我们暗示。如果口头禅一味地消极，就会让我们的性格变得更消极。

在与人交往时，可以通过口头禅认识别人，并在说服别人的时候占有主动。与此同时，我们也要注意自己的口头禅，尽量克服消极情绪，不让他人窥探到自己的消极情绪。

如果发现自己的口头禅过于消极，就必须重视起来，想办法克服，不能听之任之，让其影响我们正常的交际。

想必很多人都有疑问，要怎样通过他人的口头禅来判断其为人？下面我们来具体分析一下，如何通过口头禅判定别人的性格。

经常说"听说""据说"的人往往喜欢道听途说，缺乏主见和判断力，遇事只会人云亦云。同时，处事比较圆滑，不想为自己的行为负责。对于这类人，不要太过听信他们，大多时候一笑置之就行了。

经常说"是的""你说得对""嗯""确实如此"的人，最大的缺点就是缺乏主见，很容易被他人说服，通常很难坚持自己的意见。在交际中，他们几乎都是被动的一方，容易被别人牵着鼻子走。

把"不过""但是"当口头禅的人，性格比较委婉、温和，可以说，这类人大都精通交际之道，不把话说绝，给人留面子，给自己留下余地。说话做事都不会太武断。他们在人际交往中，往往更受欢迎。

依晴是化妆品公司的公关小姐，口才、办事能力都非常了得。没见过她的人会认为，她肯定是个口齿伶俐、说话咄咄逼人的人。但见过她之后，再也不会这么说，因为她说话相当温和。

"你们公司的产品怎么会这么差劲啊？自从我用了这套化妆品之后脸都成这样了。"顾客指着自己长痘的脸，非常不满意。

"我可以看出来，您脸上的痘是因为受到刺激长出来的，我们的产品完全是纯天然的。"依晴从事这个行业多年，一眼就可以把原因看出来，"不过您是我们的顾客，我们会给您治疗好的，请您相信我们。"

顾客心里也明白，自己长痘应该是因为最近天天吃辛辣食品。听依晴这么一说，她便顺势下了台阶，欣然同意了。

虽然不是自己的错，但把道理说明白后，再加上"不过"，顾客心里便很受用了。

喜欢说"我早就知道"的人，都很喜欢表现自己，踩低别人。言外之意就是"我已经知道了，你却不知道，你根本比不上我"。这类人往往妄自尊大、自以为是，最经不住他人的甜言蜜语，一旦被他人看透，社交时就变得岌岌可危了。

"我晕""我去"，把这些当作口头禅的人，一般都比较活泼开朗，没有什么城府，是内心可爱之人。在生活中，他们的人缘往往都比较好，是不拘小节的。但有时也难免会因为不善洞察别人而吃亏。

如果我们留心观察，就不难发现，很多人都有自己的口头禅。也许是自己发明的，也许是学来的，但不管如何，都透露着自己的生活圈子和性格。

学会通过口头禅来判断对方的性格是一种社交技巧，是看透别人的捷径，说服他人的前提。与此同时，我们还要注意自己的口头禅，不要让对方看出漏洞，在说服中处于劣势。

一个人的坐姿，最能反映内心的变化

在很多情况下，尤其是在销售中，经常会遇到沟通的对方坐在那里默不作声的情况。在这个过程中，一旦遇到这类人，很多人就不知道该怎么办了。其实，这个时候恰恰是一个好时机。因为，一个人的坐姿反映的不仅仅是人的性格特征，反映更多的是他们的心理变化。当我们在交谈的时候，不但能够通过对方的声音与表情来推测其心理变化，通过坐姿也可以了解到人的心理活动。这个时候，只要我们多观察对方的坐姿，了解他们此刻的心理变化，就能轻松达成你希望达成的目的。

小孙是一位保险推销员。有一次，他去拜访一位客户。当小孙被客户请进屋子后，客户就坐在沙发上，直着身子认真听他对产品的描述。小孙在讲述的过程中发现，客户性格比较内向，非常拘谨。于是，他就主动缓和气氛，讲了一些轻松的话题。很快，两个人的谈话变得自在多了，客户也很自然地靠在了沙发背上。小孙发现了客户的这一行为，又慢慢地讲到了一种新的保险业务，果然，客户被吸引了过来。

客户的身体离开靠背，向前微倾，似乎是怕听不清楚一样。小孙知道，客户这个时候已经有了购买的想法，于是及时劝说和鼓励，最后，客户和小孙达成了交易。

善于掌握坐姿反映出的信息，并且能够积极地改变策略，迎合心理变化，这样才能让交易顺利进行。

从不同的坐姿中，我们能够发现他们的某些心理特点、个性和态度。但是，在现实生活中，一个人不会保持一个坐姿不变，我们要学会随着交流的进展、心情的变化来改变销售策略，及时从客户的坐姿变化中看到他们的心理变化。

有的人坐下来后习惯将左腿搭在右腿上，将双手交叉放在大腿左侧或右侧。通常来说，这种坐姿的人都是比较自信的，他们有自己的见解、主张，很难被说服。这样的人大都头脑聪明，具有一定的领导才能，但是，当他们位于高位时又会出现妄自尊大、得意忘形的表现。这个时候他们缺乏毅力、见异思迁，渴望到达更高的职位。如果遇到这样的客户，销售员一定要不卑不亢、真诚坦率。

有些人坐下来的时候，他们的腿脚会规矩地靠拢在一起，双手交叉放在大腿的两侧。这类人一般思想较为保守，他们在做事、为人上都比较古板，不会轻易接受他人的意见。有的时候，虽然知道别人说的是对的，但是，他们依然会坚持自己的想法。这类人往往还是完美主义者，不管做什么事情都希望尽善尽美，但他们只喜欢挑剔其他人，对自己则没有太多的要求。他们爱幻想，不注重实际，不管做什么事情都无法长久坚持，缺乏耐心。销售员如果遇到了这样的人，一定要留个心眼。

还有一部分人坐下来时习惯把两膝并在一起，两腿分开，呈"八"字形，两手并拢放在膝盖上。有这样习惯的人通常都是女性。她们比较胆怯、害羞，很多时候会表现出不自然、不大方、自信心不足，特别是在公共场合中，她们会更加羞怯。这类人的感情比较细腻，但心胸往往太过狭隘。跟这类客户交谈的时候，可以通过幽默的方式来化解其紧张的情绪。

有些人坐下来的时候，习惯将右腿搭在左腿上，两腿重叠靠拢，双手交叉放在右腿上。他们通常会给人平易近人的感觉，让人产生容易交谈的错觉。实际上，这类人往往不是爱摆架子、爱答不理，就是表面上说得天花乱坠，而背后一点实事也不做。跟这样的客户打交道，要特别谨慎小心！

有些人习惯在坐的时候敞开双脚，两只手随意放置，没有固定的地方，这是开放式的坐姿。这类人的性格通常较为外向，说话、办事干净利索，不拘小节。他们有一定的领导风度，组织管理能力也较强，甚至还有支配欲。他们喜欢追求一些新奇的打破常规的东西，渴望引导都市潮流；他们容易被一些新的领域所吸引，不想按照前人的老观念、老方法做事，愿意去尝试新事物；他们目标远大，喜欢标新立异。跟这类客户交流，很容易得到他们的信任。

还有一些人坐的时候习惯将两脚交叉。如果男人这样坐，通常他们会握起双拳放在膝盖上，或者会用双手紧紧地抓住椅子的扶手；如果女性这样坐，她们通常会在双脚交叉的时候，把双手自然地放在膝盖上，或者是把一只手压在另一只手上。这类人通常比较冷静，他们不容易表露自己的真实情绪，在交流中，为了可以控制内心情绪的波动而表现出镇定的一面。跟这样的客户交谈时，销售员要真诚，获得他们的信任。

有的人习惯侧身而坐。这类人通常比较乐观，他们生活积极向上，自信大方，不拘小节。他们大部分都是精明能干的人，很招人喜欢，然而，他们往往缺乏耐心。跟这类客户交流的时候，最好言简意赅，不要惹人烦。

那些习惯将身体蜷缩在一起、双手夹在大腿中间坐的人，通常都有自卑感，他们不够自信。跟这类客户交流的时候，如果他认同销售员的看法，不如大胆地帮他做决定。

还有的客户，坐在椅子上摇摆不定，不能安稳，那说明他可能有心事，其内心十分焦躁；有时候他们会对销售员的谈话不在意，不愿意听下去。面对这样的客户，销售员不如先退出，以后再找个时间沟通。

　　要懂得从客户的坐姿中找到有价值的信息，从而为自己的工作提供帮助。只有了解对方坐姿所反映出的心理变化，我们才能更好地制定出策略，从而增加成交的可能，提高效率。

积极秀出自己，让人一下子记住你

　　不管是在古代还是在现代，从来都不缺少怀才不遇的人。有些人做出的贡献明明很卓越，却总是扮演着被上级遗忘的角色，总是和成功擦肩而过。怀才不遇者其实有时候需要好好反省一下自己，究竟是什么原因导致了自己这样的遭遇？要用什么样的方法才能让自己摆脱困境呢？

　　一个人要想有所成就，就要恰当地"秀"出自我，不要奢望别人主动地来关注自己，而是要积极主动地把自己的才干展示给他们看。现在这个时代讲究张扬自我，尤其是职场新人，更应该在适当的时机"秀"一下自己，这不失为一个吸引别人眼球的好方法。

　　一个衣衫褴褛的小男孩跑到正在修建的高层建筑工地，向一位衣着十分讲究的建筑承包商请教："请您告诉我，我怎么做，长大后才能像您一样富有？"

　　承包商看了看这个小家伙，回答说："我的方法就是让你去买一件颜色比较显眼的衣服，然后埋头苦干。"

　　小男孩满脸困惑，百思不得其解，只好再次请他说明。承包商把手指向那些正在作业的工人，对男孩说：

　　"那些工人全都是我的手下。我没办法把他们每一个人的名字都记住，甚至对一些人都没印象。但是，你仔细瞧，他们中有一个穿红色衬衫的家伙给我留下了深刻的印象，他工作显得更加卖力。他每天总是第一个上班，最后一个下班。为什么我对他的印象这么深刻？就是因为他那件显眼的衬衫。我最近正准备提拔他当我的监工。从今天开始，我相信他会更加努力地投入工作中，说不定在短时间内他就会成为我的副手。

　　"小伙子，我也是这样一步一个脚印走过来的。我工作时比别人投入更多。如果当初我选择跟大家穿一样颜色的衣服，恐怕就没有现在的我了。所以，我选择每天穿条纹衬衫去上班，同时投入更多的努力。不久，我就出头了：老板提拔我当工头。后来我有了一定的积蓄，终于自己当了老板。"

　　爱尔兰著名剧作家萧伯纳说过一句非常富有哲理的话："征服世界的将是这样一些人：开始的时候，他们试图找到梦想中的东西。最终，当他们无法找到的时候，就亲手创造了它。"使成功者走向成功的真正原因不仅仅是要善于把握机会，更重要的是善于创造机会。就像上述案例中的承包商一样。

相信大家都知道著名导演张艺谋。他成名之前可谓是历经坎坷，但他以进攻的姿态为自己创造了一次次机遇。

1978 年，北京电影学院在"文革"后首次招生，按张艺谋的家庭情况，他是很难通过"政审"的。但他用自己几年来的摄影作品"开路"，给素未谋面的文化部部长黄镇写了一封信，并将自己的作品附于信中。颇通艺术的黄部长有强烈的爱才之心，派秘书去电影学院力荐张艺谋，张艺谋这才被北京电影学院破格录取。

尽管在学校时他的表现非常优秀，但命运就是这样奇妙，它不会因为你的努力而眷顾你。当他毕业后，他被分配到了广西电影制片厂。在那里他并没有因处境不佳而自我消沉。尽管外部条件不好，有着厂小、人少、设备差、技术力量薄弱等不利因素，但同时也有大厂所不具备的条件，那就是科班毕业生少，名导演、名摄影师少。因而，论资排辈的现象不像大厂那么突出。在拍摄电影《黄土地》时，张艺谋主动请缨，挑起大梁，凭着卓越的摄影才能一炮打响。《黄土地》荣获"中国电影优秀摄影奖"，这部电影也成为"第五代导演"真正崛起的标志。

学会积极主动"秀"出自我是改变怀才不遇的最佳途径，让上司注意到你的努力。如果做默默无闻的无名英雄只会让你更加不被领导重视，选择在合适的时机、场合向领导展示出自己的能力，这样才有希望得到领导的赏识。

总之，"秀"出自我也是一门学问，一种艺术，如果不懂"秀"出自我这门学问的话，你也只能平平淡淡地度过一生。"秀"出自己是一种能力，有了这种能力，人们才能抓住机遇，使自己立于不败之地。

学会造势，让自己更具吸引力

酒香也怕巷子深，好的产品也需要好的推广。特别是在竞争如此激烈、信息如此发达的今天，对于一个急需开拓市场的企业来说，就更需要造点声势来提高企业的知名度，这是最快捷、最有效的方式。

让美国总统帮你卖书、卖衣服、卖自行车、卖汽水……这听起来简直是天方夜谭，但并不是没有可能。只要你策划得法，国家领导人也会成为影响你产品走势的重要砝码。

美国的一位出版商，手里积压了一大批滞销的图书，久久不能出手。经过一番苦思冥想，这位出版商终于想出了一条妙计：给总统送去一本书，并三番五次地征求总统的意见。

日理万机的总统实在没有时间阅读这本书，但迫于出版商的纠缠，便随便回了一句：这书不错。这就是出版商要的结果，他马上展开宣传："总统称赞过这本书。"毫无疑问，这本书很快就被一抢而空。

不久，这个出版商又有书卖不出去了，就故技重演，又给总统送了一本。总统很生气上次这个出版商借自己的名望做宣传，于是，就奚落道："这本书糟透了！"出乎意料的是，出版商非但没有生气，反倒还很高兴，出版商马上打出宣传语："这本书深受总统的讨厌。"这次，书又脱销了。

第三次，总统又收到了这位出版商寄来的滞销书。吸取前两次教训的总统心想：这一回，我什么表示都不做，看你怎么宣传？于是，总统真的没有做任何回复。谁承想，出版商还是可以借题发挥："现有总统难下定论的书，欲购请从速！"结果可想而知，书再一次脱销了。

因此，出版商借助总统的名望大赚特赚了好几笔。

如今，很多企业想要提高自己的社会知名度，借助名人的威望不失为一条捷径。因为名人常常能在社会上起到一呼百应的作用。所以，如果你身为领导，一定要利用好名人威望来提升自己产品的影响力。即便你和那些名人素未谋面，只要你策划得当，名人效应就能让你的产品得到很好的宣传，让你的产品为大众所知。

要想让别人知道你的产品很好，你还可以利用轰动效应。这会给人们的心理带来强烈的影响和震撼，这就需要经营者采取的方式要新奇。当然，一定要善于造势，尽可能地把场面做大。这样做不仅可以赢得顾客，还可以获得良好的声誉。

现在的人不知道有多少人知道西铁城。我对这个公司印象深刻，是源自他们做的一个宣传。那是在 1985 年 5 月的一天，有很多人聚集在澳大利亚某闹市区的广场，大家都向天空仰望着，不知道在看什么。问了几个人才得知，原来几天前，西铁城公司在几家知名报刊上做广告：为了答谢广大顾客的厚爱，要在一个特定的时间内空投手表。而且允诺，空投的手表质量绝对值得信赖，要是发现捡到的手表在空投时被摔坏了，顾客可以凭此表到西铁城公司指定地点换取相当于此表价格十倍的现金。凡是知道这条消息的人，都不愿意错过这次机会，万一捡到了坏手表，还可以去领取手表价格十倍的现金。

于是，大家在那天都纷纷齐聚西铁城公司指定的投放地点，为的就是希望接到西铁城公司空投的手表。人群中，不知是谁高喊一声："来了，来了，直升机在那儿！"只见一架标有"西铁城公司"字样的直升机盘旋在广场上空。两幅巨大标语伴随着"唰唰"巨响从舱门滚落出来。一幅是：想要无烦恼，请用西铁城手表。另一幅是：观产品好坏，请看百米高空赠表。

广场上的人都高声叫好，接着就见一只只闪闪发光的西铁城手表从天而降。

结果，坏表持有者寥寥无几。澳大利亚市民被第二天公布的坏表率只有万分之八的数字惊呆了，无不交口称赞该表的质量。甚至连该产品中最普通的款式，也被人们吹捧成了是澳大利亚市面上最好的手表。依靠此举，西铁城公司取得了轰动性的效应，很快就在澳大利亚市场占据了相当大的份额。

西铁城手表这一举动之所以能取得如此大的轰动，首先是因为他们具有创造性、消费者以前很少见过调动直升机做广告这种形式；其次是商品赠送的方式也比较新奇——高空赠表，而一般公司采用的方式都是购买定量商品赠送。还有一点，也是最重要的，就是坏表可以换取表本身价格十倍的现金，这一点抓住了人们的心理。人们认为从那么高的地方投放下来，又是手表，一定会摔坏。如果拿到的是摔坏的赠品，那就没什么意义了，而这一点也正是西铁城公司的用意所在，就是向消费者表明自己公司的手表有相当可靠的质量。

可见，要想让别人知道自己公司产品的好坏，就要利用一种方式来很好地吸引住人们的眼球，进而打动其心。造势的秘诀是什么，利用机会创造出强大的态势，从而形成最大的影响力，这就是造势的诀窍。但是，造势也要讲究尺度和诚信，造势太过，反而会适得其反。

不怕吃亏，但要让所有人知道你吃了亏

年轻人爱憎分明、心思单纯，遇到自己吃亏的情况，要么厉声反对，要么为了息事宁人而忍气吞声，默默承受。事实上，这两种方法都有弊端：前一种，可能会影响人际关系，但有时候吃些小亏也无妨；而默默承受，则往往是"哑巴吃黄连——有苦说不出"，并且时间长了，还会被人当成软柿子，任意揉捏。此时，最明智的做法就是把亏吃在明处，然后自己在暗处得利。

吃亏要吃在明处，要让人知道，要争取补偿。至少，你应该让对方"瞎子吃汤圆——心里有数"。

以前住在乡下的时候，我爷爷遇到的一个事情让我印象很深刻。在我们那儿，每家都有一个竹篱笆的院子。有一天，我看到邻居偷偷把我们两家中间的竹篱笆往我们这边挪了挪。我很生气，回去便把看到的告诉了我爷爷。本以为爷爷会和邻居据理力争，没想到爷爷听完后，只是淡淡地说了声"知道了"。第二天，我看到爷爷走向了那个竹篱笆，并把它又往自己家的方向挪了挪，这样邻居家的院子就更大了。我看不懂，问爷爷这是在干什么，这样我们的院子不是更小了吗？爷爷笑了笑，没有回答我的问题。而是抽着旱烟遛弯去了。

我坐在屋里一直待着。待到邻居下地干完活回来。我从屋里偷偷看着邻居，发现他愣愣地盯着竹篱笆看了一会儿。然后走向竹篱笆，不仅将其慢慢地挪回了原处，还又往他们家的方向挪了一点。

当时还小的我虽然看不懂里面的门道，但现在回想起来，一直觉得我爷爷是一个聪敏又睿智的人。

所以，有时为朋友主动吃亏，朋友心里自然而然就觉得亏欠了你，之后就会想方设法地报答你了。在暗处吃亏就只有白吃的份儿。在你吃亏的时候，至少要让别人知道你吃亏完全是为了对方。

在英国有一家叫哈利斯的食品加工公司。有一次，公司总经理彼克从食品报告单上发现，他们生产的某种食品的配方中，起保鲜作用的添加剂里面含有有害物质。虽然毒性不大，短期内顾客也发现不了，但如果长期食用，会对身体有害。而对于公司来说，如果不用添加剂，又会影响食品的保鲜效果，继而影响公司的效益。

彼克权衡利弊，最终做出决定：为了自己的长远利益，暂时吃亏。于是，彼克毅然通过媒体把真相告诉了每一名顾客。

和彼克预想的一样，在他做出这样的举措之后，他本人和他的公司都承受了巨大的压力。食品销售量锐减不说，那些从事食品加工的老板也都联合起来，用一切手段打击彼克，指责他别有用心，故意抬高自己，他们一起抵制哈利斯公司的产品。内忧外患之下，彼克的公司一下子到了倒闭的边缘。唯一值得庆幸的是，此时彼克的名声已经家喻户晓了。

苍天不负有心人。在哈利斯公司苦苦挣扎了四年之后，看清前因后果的政府终于站了出来，支持彼克。在政府的证明下，哈利斯公司的产品又成了人们放心购买的热门货，并且有感于彼克为了替大家着想，而放弃了自己利益的这一做法，人们反而更加支持彼克的公司。就这样，哈利斯公司用了很短的时间就恢复了元气，而且较之前的规模扩大了两倍，并且一举坐上了英国食品加工业的第一把交椅。

彼克选择吃亏是明智的，选择把亏吃在明处更是明智之举，这样人们在领受了彼克的"恩德"后，一有机会，马上就会想着报答彼克。正因为这样，彼克的公司在以后才得以迅速地恢复元气，并且比以前发展得更好。

年轻人刚刚进入社会，吃点小亏不是坏事，但一定要把亏吃在明处，这样，别人才能知道你的付出，进而才会报答你，这样你才能在暗中得利。否则就成了"哑巴吃黄连——有苦说不出"了。

有心计的人擅长吃亏，并总是把亏吃在明处，这样别人既会对他感恩戴德，又会想方设法地报答他的恩德。此时，"吃亏"不是吃亏，而是做人的一种气度，做事的一种谋略。

突出自己的优势，营造独特的魅力

我们每个人的吸引力，都可以通过声音、外貌、行为方式和说话的内容等方面得到放大和提升。我们要将信息传递给听众，就离不开声音。而能否和听众充分交流，这也完全取决于我们的口头表达能力和说话的技巧。人们的魅力大小与人的说话声音有着密切的关系。

我们的说话声音总是在发生着变化，其实它是随着我们自身的变化而变化的。它对我们如何感知自己、如何感知他人都有着深刻的影响。国外的一家权威调查机构通过问卷调查后发现，有高达九成的人都认为，声音是一个人魅力最重要的构成部分。一个人讲话时的声音能否有足够的吸引力，这和他受欢迎的程度有关，也和他社交上的成功有着密切的关系。其实，对于任何人而言，声音都可以真实地反映出他的教养和品性。

我们可以用自己的声音来争取听众的支持，让他们相信我们，或用声音赢得他们的尊敬、爱戴和信任。当然，我们也可以用自己的声音使听众振奋精神或昏昏欲睡，同时也可以疏远或吸引他们。

1939 年，一部以《世界的战争》改编而成的广播剧在美国轰动一时。虽然当时广播公开声明说这仅仅是一个戏剧而已，并不是真实事件，可是这家电台的覆盖面很广泛，再加上当时的主播的声音很容易让人心情激动，最后让全美国的人都着了迷。有成千上万的人听了这个广播后就开始恐慌起来，因为他们相信广播中所讲述的事情是事实，他们觉得人类将要遭到火星人的入侵。

从这一点来看，优美动听的声音对增强自身的魅力有很大的帮助。

我们可以想想，为什么我们容易信任那些优秀的新闻播音员？其实原因很简单，就是因为他们的声音声调优美、低沉悦耳，能给人以美的享受。也正因为他们的声音有很大的吸引力，所以听众才不会轻易转移注意力。那些仅有一副姣好面容的播音员并不一定能得到大家的喜欢。而那些能在激烈的竞争中生存下来的播音员，大多都有一副让人心情愉悦的好嗓子。

当今社会，有很多有才华的年轻人都接受过高等教育，毕业于名牌大学，他们学习着那些呆板而又死气沉沉的语言和语法，学习着自然科学、文学、艺术等多种科目，可就是没有学习怎么才能发出优美的声音。所以，我们从他们的声音中总能听出那些不和谐的音调。甚至有的感觉敏锐的人，可能都无法和这些年轻人进行正常谈话。

　　所以，倘若我们的嗓音让别人听起来感到不舒服，这就可能会抹杀我们其他方面的优点，同时也能降低我们的吸引力。

　　我们应该让自己的声音成为自身的优势，而不要让它成为我们的敌人。不论我们原来的声音怎么样，其实都可以通过练习来进行改变，从而让它体现出我们的魅力。所以，我们要明白，我们的听众所期待的是容易让人听懂的、让人愉悦的声音。

　　倘若我们的声音洋溢着纯洁、和谐、生气勃勃的气息，那么它就能强化我们的魅力。倘若每一个音节、每一个字符和每一个句子都能被我们清晰圆润地表达出来，而且显得抑扬顿挫、高低有致，这样的节奏感是非常美妙的。所以，我们要注意训练自己的声音，从而让自己拥有巨大的魅力，让更多的人喜欢我们，或者被我们所感染。

透过站姿，看出对方属于哪类人士

　　一个人的站姿，很容易出卖这个人的性格以及内心活动。当你第一次遇到对方时，可以通过站姿对对方进行判断。尤其是在销售领域，要想了解客户的性格，除了通过语言来读取信息外，还可以通过客户的站姿判断出客户属于哪类型的人士，再从而进行对应的销售方式。

　　一个人在站立时不断改变姿态，这在一定程度上表明他是一个性格急躁的人。这类人在处理事务时，常常处于紧张状态，他们的想法会时刻发生改变。从某种意义上说，这类人是行动主义者。

　　他们做事干净利落，不喜欢拖延，讨厌啰唆的销售人员浪费他们宝贵的时间。面对这类人，销售人员应当迅速给予反馈，甚至可以采取"走后门"的方法，即优先拜访他们，尽可能压缩他们等待的时间，及时给予他们回馈，并提供他们一直在寻找的信息。

　　王浩宇是上海一家家电公司的营销经理。在公司举办的一次大型促销活动中，王浩宇遇见了这样一位性格急躁的客户。

　　这位客户刚走进店里，就对站在旁边的王浩宇说："我家里的抽油烟机坏了，你给我介绍一款新的抽油烟机吧。"

　　王浩宇问："您想要一台什么样的抽油烟机呢？"

　　客户："我也不确定，你给我介绍吧。"

　　当王浩宇向客户介绍抽油烟机的性能时，他发现客户心不在焉，而且总是变换站姿。他一会儿向前迈左脚，一会儿又向前迈右脚，还总是抖腿，站姿变换极其频繁。

　　通过对客户的细致观察，王浩宇判断他的性格比较急躁，是那种不爱听销售人员啰唆的客户，而且应该是一个爽快的人。于是，王浩宇把客户带到一台新款抽油烟机前，简单明了地向他介绍了这款抽油烟机的功能和新颖之处。在王浩宇介绍产品时，客户表现出一副不耐烦的样子，王浩宇刚一说完，客户当即就决定购买这款抽油烟机。

　　从上面的案例中我们可以看出，和性格急躁的客户进行交谈时，最好的方式就是开门见山，直接进入正题。由于这类客户最喜欢的就是做事爽快的人，如果销售人员拐弯抹角就会引起他们的反感。

　　所以，在与这类人见面时，销售人员应立即表明自己的意图，把产品的主要功能和特色等都讲清楚，这样客户会非常爽快地下单。

　　除了站立时喜欢不断变化站姿外，有的人喜欢在沟通的过程中倚着其他东西站立，这就表明他处于比较放松的状态，且对销售人员持有一种比较友好的态度。

这类客户在与人交流时，常常会表现得较为友好，说话方式很直接，态度相对真诚，容易接受别人的观点。在向这类人推销产品时，销售人员应该尽可能简化程序，将产品的重点和交易的核心向他简要说明，以赢得他的好感。

虽然这类人在交流过程中非常有礼貌，但这并不代表他们不需要销售人员努力介绍和展示产品。通常，他们会对产品表现出非常浓厚的兴趣，并会比较频繁地提问题，因此，销售人员很难看出他们的真正意图。

这类人如果在交谈中的话语过多，销售人员可以礼貌地打断他们，将自己放到主导地位。另外，销售人员应将客户提出的需求进行简化，并给出具体明确的答复，以便保证销售过程主题明确，且双方是围绕产品订单的签订来思考和交流的。

还有的人喜欢在交谈过程中呈现出双腿交叉的站姿，这就表明他比较拘束，性格较为内向。他们对销售人员可能持有拒绝的态度，销售人员想要顺利签下产品的订单，还需要费一番力气。

在初次拜访这类客户时，销售人员应选择一些轻松的话题来开始谈话，不要给他压力和紧迫感，这会让他们感到十分不舒服。也就是说，销售人员应该营造一种轻松、愉快的气氛来使他的心情放松，并且尽可能向其展示产品的优势，以此来获得他们的信任。

另外，销售人员可以针对这类人的性格，用明确、坚定的产品介绍来迅速推进产品销售流程，让他没法轻易拒绝销售人员的推荐，尤其是不要提供使他改变决策的多余信息，应用简短而坚定的介绍，在最短的时间内促成产品销售订单的签订。

若是遇到客户在交谈过程中做出双脚合并，双手垂置身旁的姿态时，就表明他很可能是一个比较保守且理解能力相对较差的人。这类人较为诚实、可靠，做起事来会表现出惊人的毅力，但是他们同时也有呆板、保守的一面。

销售人员在与这类人交流的过程中，常常会比较费时费力，因为他们接受新鲜事物的能力很差，有时甚至会非常固执，拒绝购买新产品。

面对这类人，销售人员需要对其进行耐心、积极的引导，用专业的销售知识向其解释产品的优势。同时，销售人员应对这类人的需求做好针对性的调和分析，这样才能使产品讲解更符合他的真正需求，打动他的心，促使其购买相关的产品。

总之，不同类型的人，在交谈中都会产生不同的站姿，只要销售人员能够好好观察，就能做出最合理的销售方式，从而签下订单。

注意头部变化，任何的摇摆都有意义

　　头部动作通常比较简单，没有太多的变化，但是其所蕴含的心理变化却非常重要。因为这些动作更能够反映出一个人的心情，和对事情的态度。然而，人们在交谈中往往容易忽视这一点，因为头部动作是随着语言的发生而不自觉地发生的。一个人头部动作所表现出来的情感体验的反应是最大的。头部的动作可以将惊讶、愤怒、恐惧、悲哀、憎恶、好奇等多种感情都表现出来。因此，我们完全可以做到通过对方的头部动作来判断他们的内心活动。

　　李霞是一家旅行社的员工。有一天，她很早就去拜访一家公司的经理。双方入座后，李霞就滔滔不绝地讲了起来，把公司能提供的服务、价格、优惠、路线、安全问题等都说了出来。客户不断地点头，且不时地将头斜向一边，用手托着下巴思考。

　　李霞看到马上结束了谈话，将合同拿了出来，请客户签了字。

　　李霞是怎么让这位客户签单的呢？原来，她一直记着自己刚入销售行业时培训老师说过的话："假如客户在与你交谈的时候频频点头，那就表示他认可你的说法，这个时候只要将合同拿出来，就能够顺利地让客户签单。"

通过对对方头部动作的观察，可以获取很多有用的信息。美国心理学家哈维说过："假如针对面部的局部器官进行判断，很容易出现解读上的失误。但如果对整个头部动作进行观察，就很容易得到真实可信的信息了。"在销售活动中，销售员要对客户的头部动作特别留意，就算是非常微小的动作，也要细心观察.因为，也许就是这个动作会决定最终交易成功与否。

黄先生是一家广告公司的销售员。有一次，他同一名广告客户成功预约后，如约来到客户的办公室。入座后，这位英国客户想听一下黄先生对公司和广告位的简单介绍。于是，黄先生拿出准备好的文件，打算向客户讲解。就在这个时候，黄先生看到对方有一个不经意的侧头动作，这是不耐烦的表现。黄先生马上调整方案，打算作最简洁的阐述。然而，这份文件中有很多烦琐的细节，所以还是花了不少时间。

在此时，黄先生又看到对方的另一个低头动作，并且，客户的表情也逐渐焦虑起来。看得出，客户有事，但是又不方便说。于是黄先生就找借口去洗手间和客户的秘书做了简单的沟通。

原来，这位客户因为公务繁忙，在中国待了很长时间。而黄先生同他会谈的当天，恰好是他女儿从英国过来看他的日子。因此，客户的心思根本就没在广告位的谈判上。知道了这些，黄先生马上回到了客户的办公室，还没等客户说话，他就表示了自己的歉意，并说明自己占用了太多的时间，不知道对方女儿的到来，期望下次会谈。

本来这次会谈是双方已经约好的，这样一来，客户反而有点不好意思，不仅消除了对黄先生的负面情绪，而且，对他有了好感。就当时的情况来说，黄先生公司的报价没有太多的竞争优势，并且，对方已经决定同另外一家广告公司合作。但是，因为黄先生成功地让客户对自己产生了好感，最后双方再次见面的时候，客户与黄先生签订了广告合同。

头部动作无非就是点头、摇头、低头、把头偏向一边等，那么，这些常见的动作蕴涵了客户怎样的心理信息呢？

第一，点头。很多时候，点头就是赞许和认可的意思，是对人或事的肯定。如果在交谈的过程中，对方不断点头，这就说明他对你的观点是肯定的，希望你可以继续说下去。当然，你也不能忽视对方点头的频率，假如点头的频率太快，那可能是有否定的意思，说明对方有点反感，希望通过频频点头来快速结束你们的谈话。这时，你就要识趣地停止谈话，避免惹怒对方。

第二，摇头。摇头也就是否定的意思。当与对方交谈的时候，看到他不断地摇头，就说明对方对你的观点持有否定的态度。很多时候，对方出于礼貌不会当场打断你，虽然他们嘴上说"我对你的产品很感兴趣，我们一定会合作愉快的。"但是，在说话的时候夹杂着摇头动作，就表示对方对你的否定。因此，在交谈过程中，一定不要以为对方说的都是真话，有时候，他们的语言，是为了照顾你的面子而说的假话。

第三，低头。低头和摇头是一样的，低头的动作也是在传递着否定以及不认可。只不过，这种否定的表达没有那么直接。很多时候，人们不方便拒绝对方，但又不想和对方合作才会有这样的情绪。事实上，很多人在低头的时候，都会有一种不满或者不愉快的情绪。在与对方的交谈中，假如发现对方低头，默不作声，那么就要尽快找到自己的问题，妥善地解决。只有让对方和你正常交流，才有机会达成合作。

第四，头部倾斜。很多时候，对方谈话会将头向一侧倾斜。这种姿势一般是顺从的意思，只有对方在认真听你介绍的时候，你说的话对方才愿意听，并影响对方的行为活动。假如你发现对方歪着头，身体前倾，并且做出了用手接触脸颊的思考手势，这时候就说明他信任你了。此时，你要抓紧时间和对方谈条件、签合同。那时的对方所考虑的是能从你那里获得多少利润，并不是自己会付出什么样的代价。此时签合同，对方通常不会有太多的讨价还价。

在聆听对方发言的时候，我们不妨做一些头部倾斜或是频频点头的动作，这样对方就会觉得你认同他、信任他，你会让他有安全感。当然，还有一些细微的头部动作也需要仔细观察，虽然这些小动作很不起眼，但是，都是了解对方心态的关键。

4

第四章

职场策略：在办公室里做出
最佳选择

初来乍到，锋芒毕露遭人妒

工作中真正懂得表现自己的人，通常既表现了自己别人又察觉不到。他们不会自顾自地在那里大谈特谈，不会以自我为中心，而是能给人一种"参与感"，与同事交谈时，他们喜欢用"我们"，而不喜欢用"我"，因为"我"让人产生一种距离感，而用"我们"不仅无形当中把其他同事拉到同一阵营，更有亲和力，而且还可以按照自己的意图影响他人。

"枪打出头鸟""木秀于林，风必摧之"。这告诉我们，一个人太出彩其实不是一件好事，我们要随时保持谦虚低调的态度，才能让自己离成功越来越近。因此，我们在工作后的头三年里就要学会不露声色地让别人注意到自己，这就是大家所说的"低调地卖弄"。

张栋是一家大公司的职员，他工作积极主动，待人热情大方，深受同事们的欢迎。可是突然有一天，他一个不经意的举动让他在同事心中的地位一落千丈。

这天大家在会议室等待着经理来开会。一位同事觉得地板有些脏，于是就站起来开始打扫。张栋却没有注意到，一直站在窗台边往楼下看。这时突然他走到拖地的同事面前说要替那位同事打扫，虽然这时地已经拖完了，可张栋却执意要求，同事也没多想就把拖把递给了他。

张栋刚把拖把拿过来，经理便推门而入，正好看到张栋拿着拖把拖地的举动。于是，一切不言而喻。

大家突然觉得张栋十分虚伪，纷纷不再跟他交往。

自我表现是人类的一种天性。就像百灵鸟喜欢炫耀清脆的声音一样，人类喜欢表现自己是很正常的行为。但如果不分场合地表现自己，就会让人觉得虚伪、做作，从而引起其他人的反感，最终的效果往往是事与愿违。很多人在谈话的时候经常以自我为中心，老是爱表现自己，这种人会让人觉得轻浮、傲慢，最终让别人产生排斥感和不快的情绪。

在和别人交往的过程中，每个人都希望得到别人的尊重和赞赏。法国哲学家罗西法古曾说过："如果你要得到仇人，就要表现得比你的朋友优越；如果你要得到朋友，就要让你的朋友表现得比你优越。"这是因为，当你的表现让朋友觉得比你优越时，他们就会有一种得到肯定的感觉；当你表现得比别人优秀时，很多人就会反感，甚至产生敌对情绪。因为每个人都会在无意识的情况下，本能地维护自己的尊严和形象，如果有人让他感觉到自卑，那么无形之中他就会对那个人产生一种排斥心理，严重的会产生敌意。

在职场中，即便你真的比你的同事强，在心理上你也要给别人应有的尊重，学会与他们相处，这样同事就不会对你产生反感，同时他们也会慢慢认可你的能力。而且你还要懂得适当暴露自己的劣势，减轻嫉妒者的心理压力，从而淡化危机。

李静是刚从大学毕业进入中学的新教师，对最新的教育理论颇有研究，讲课也形象生动，寓教于乐，很受学生欢迎，这引起了一些任教多年却缺乏这方面研究的老教师的嫉妒。为了改变现状，李静故意在同事面前放低自己的姿态，并且很谦虚地向其他老师学习。

李静放低姿态后，有效地拉进了自己和其他老师的距离，也就消除了他们对她的敌视心态。

平易近人、低调谦和的人总能结交许多好朋友，而那些自私自大、自以为是的人，在交往中到处碰壁，让人反感，令人讨厌。

职场中往往会有这样一些人，他们十分机智，有很强的工作能力，但是他们锋芒太露，让别人敬而远之。他们太喜欢表现自己，总想让所有人知道他们比别人强，以为这样才能获得他人的敬佩和认可，其实结果只能让同事们讨厌、反感。

做人要学着低调，要学会谦虚。越是谦逊的人，别人越是喜欢和这种人在一起相处，最后发现其优点；越是孤傲自大的人，别人越会瞧不起他，喜欢找出他的缺点。因此平时一定要学会谦逊待人，这样才能得到别人的支持，为你的事业奠定成功的基石。当你以谦逊的态度来表达自己的观点或做事时，不仅能减少一些冲突，还容易被他人接受。即使你发现自己有错时，也很少会出现难堪的局面。

不管怎么说，作为职场新人，刚刚踏入公司，一定要学会低调做人。即使你的才华再出众，即使你毕业的学校再大牌，也不要在同事之中表现出高人一等的姿态来。你可以表现自己，但是不要太过高调，要保持谦虚的态度。只有这样，你才能在出色地完成工作的前提下又得到大家的赞赏。

恰当的称呼，职场必要的生存技能

　　无论是刚刚步入职场的新人，还是已经有了一定经验的达人，在面对工作的问题时，总免不了要跟周围的领导、同事或陌生的客户打交道，而沟通交流的第一步就是给对方一个恰当的称呼。千万别觉得这是小题大做，生活中，如何称呼对方是一件非常有讲究的事。

　　一个骑马赶路的年轻人，见天色已晚，想找家客栈住下来。只可惜，身在异地他乡，他根本不知道自己到了哪儿，离最近的客栈还有多远的路程。恰好有一位老汉经过，他在马上高声地喊道："喂，老头儿，这儿离客栈还有多远？"老汉回答："五里。"

　　年轻人听后，立刻策马狂奔，向前赶路了。但他一口气跑出了十几里路，却连客栈的影子都没看见，四处荒无人烟，他有点生气，觉得那老头儿故意捉弄他，很想回去跟他理论理论。他一边想，嘴里一边嘟囔："五里，五里，什么五里？"念着念着，他突然醒悟了，原来，老头儿说的是"无礼"，而非"五里"。他掉头就往回赶，没过多久，再次与老头儿相遇。这时，他连忙下马，客客气气地走到老人跟前，亲切地叫了一声"老伯"，接下来的话还没说，老头儿便开口了："客栈离这里很远，如不嫌弃，就到我家暂住一宿吧！"

　　称呼在交际中有多重要，想必不用再赘述了。称呼是彼此之间展开沟通的信号，也是传达礼貌和情意的途径。从心理学上讲，每个人对他人如何称呼自己都是很在意的，只是由于各国各民族的风俗、语言不一样，称呼上有很大区别。

　　想成为一个懂礼节、受人喜欢的人，不管是朋友相见，还是与陌生人相见，都要特别注意称呼的问题。错误的称呼不仅会闹出笑话，还可能引起误会，让听者不高兴。

　　燕子是一家公司的前台，一个毕业没多久的学生，因为公司的产品很畅销，所以每天要接待不少来访者。那天，公司来了一位老妇人，穿着十分考究，她是预约来公司了解产品的客户。燕子立刻奉送上热情的笑脸，甜甜地说了一句："奶奶，您找哪位呀？"

　　老太太原本微笑的脸突然沉了下来，看了燕子一眼，说："哪儿来的'愣头青'！"燕子愣了一下，很惊讶，心想：我也没招惹她呀，怎么骂人呢？可作为前台，她不能对客户无礼，就给老太太倒了一杯水，赔着笑脸说："奶奶啊，我们老板出去了，大概下午才回来。"

　　老太太的脸更沉了，狠狠地瞪了燕子一眼，转身就走了。

恰好这时候公司领导回来了，遇到老太太就握着她的手说："哎呀，顾大姐，您来了！真不好意思，我刚出去，让您久等了。来来来，里面坐。"

燕子有点费解，领导才三十几岁，怎么管老太太叫"大姐"？就在她愣神的时候，老太太突然对领导说："还叫大姐呢？你们这姑娘都管我叫奶奶了！"燕子顿时脸就红了，知道自己在称呼上犯了错误，得罪了客户。

称呼看似很简单，实则蕴含着许多信息。一个巧妙而适当的称呼，体现的是说话者对他人的尊重，就像妙音入耳，让对方觉得很温馨，能够缩短彼此之间的心理距离，使感情更加融洽，沟通更顺利。尤其是在职场中，更不能随便地称呼他人。

称呼的格调有雅俗之分，应依据对方的情况选择合适的称呼。比如，对于一些德高望重的老人，可以称之为"某老"，如"李老"，或者加上对方的头衔，如"李教授"，切不可张口就称"老伯"，若是平日里与陌生的老人相遇打招呼，倒是不妨这样称呼。前者带有敬仰之意，后者则是一般情况下的尊称。

再者，年轻的女人很喜欢称呼别人"师傅"，虽然听起来很亲切，但文雅不足，并不适用于所有人。对于工人、厨师称呼"师傅"比较合适，可对于医生、干部、军人等就显得不合适了，应要视场合、双方关系来选择恰当的称呼；若担心说错，最好就在姓氏后面加上对方的头衔、职务，这样既显得正式，又不失尊重。

在涉外活动中，依照国际通行的称呼惯例，成年的男子都称"先生"，对已婚女子称"夫人、太太"；对年长但不明婚姻状况的女子或是职业女性，则统称为"女士"。若知道对方的姓氏、职称，也不妨加上，这样更显得对他人的重视和尊敬。

每个人的内心都渴望被尊重，礼貌的称呼恰恰是表现对他人尊重以及自身修养的方式之一。在交际中，女人一定要尽量多用尊称和敬语。对一些资历老的同事，要称呼为"老师"，毕竟"三人行，必有我师"。对经理和上司，一定要予以尊重，不要称呼对方"老大""老总"，直接称呼"经理""主任"就好。

现在年轻人的思想都比较活跃，在称谓上也很亲昵。可是，在职场当中，尤其对女性而言，亲昵的叫法还是尽量少用，一来容易引起别人的误会，二来会显得比较轻浮。

关系比较亲近的同事之间，偶尔会给彼此起个绰号，显得比较亲切。但这些绰号私底下称呼还好，切不可用在公共场合中。对待上司，尽量保持尊重的态度，切不可胡乱起绰号。

说了这么多，就想提醒朋友们，欲在职场与人顺利协作，赢得对方的好感，在对别人的称呼上一定不能马虎。多使用礼貌用语，分清楚交谈场合和主次关系，了解对方的身份地位、个性喜好，能避免许多尴尬，给人留下好印象。

谨言慎行，名利场上威胁无处不在

在职场中，注意自己的言谈举止很重要。如果你的言谈举止触犯到了对方的利益，对方一定会想方设法报复，这样你就很有可能会成为对方的靶子。

做人做事一定要保持低调，言行要平和，不过分地张扬个性，就不会导致别人对你产生敌意，才能避免成为别人进攻的靶子。

如果你经常感情用事，说话很随便，甚至因为一点儿成绩就得意忘形……那么，这些不好的言行习惯会在交际中给你带来阻碍。当你的这些言行超出别人容忍程度的时候，别人必定会找各种机会给你小鞋穿，把你当成活靶子，甚至还会杀鸡给猴看。

梅朵研究生毕业后，凭着自己的实力过五关斩六将，挤进了一家上市公司。虽然进了公司，却只是个小职员。

公司的办公区有个不大不小的休息室，是员工们吃午饭、喝咖啡的场所，也是休息时闲聊的地方，很多闲话都是从这里传出来的。

有一次，梅朵去休息室冲咖啡，正好遇到两个同事正在闲聊。她们看到梅朵进来，也把梅朵拉进了闲聊的话题。

一个同事说："你们知道吗？听说咱们经理是胡总的小蜜。那次胡总来咱们部门视察时，他俩的眼神可暧昧了。"

另一个同事也说："就是就是。那次胡总一进经理的办公室，经理就把百叶窗给拉上了，不知道两人在里面干了什么。"

梅朵这时插话道："听说经理只有高中文凭。我们这些大学生、研究生还不如一个高中生。而且经理的能力实在是不敢恭维。"

当这句话说完后，梅朵就后悔了。这两个同事在公司很久了，她们之间说什么自然是没事的。可是自己说的话会不会被她们传出去，那就不一定了。想到这儿，梅朵紧张地离开了休息室。

没几天，梅朵就被公司辞退了，原因是那两个同事告了黑状。她们把自己说过的那些闲话都推到梅朵的身上，并说给经理听了。两人怕梅朵会把她们说的话传出去，就先下手了。

梅朵知道被辞的真正原因之后，后悔不该听两个同事的闲话，更不该说那一句对经理不满的话。正因为自己言行不当，才导致自己被别人当了靶子。

注意言谈举止，就是在职场中要知道并明白哪些话该说，哪些话不该说；还有哪些事该做，哪些事不该做。

同样，在什么样的人面前该说什么样的话，做什么样的事，以及不该说什么，不该做什么，都要经过思考，然后做到谨言慎行。

　　只有在职场中做到了谨言慎行，你才不会被人抓住把柄。如果你没有注意自己的言谈举止，很可能就会因为一个很小的细节，被别人利用，并成为别人的靶子。

　　在职场中，谨言慎行是很重要的一方面。有才华，有能力是好事，但如果你不懂得收敛，不懂得隐忍，那么你在人世中也是很难立足的，甚至会给你招来灾祸。

　　不管一个人多么有权有势，只要他过分地张扬，过分地狂妄自大、傲慢无礼，就不会有好的结局，这是有前车之鉴的。为了平顺的人生，做人只有谨言慎行，才能叱咤职场。

　　你需要练就自我控制能力。因为在职场中，懂得自我控制的人才不会轻易受到情绪的制约，不会在冲动之下，做出伤害他人、给自己的职场生涯埋下隐患的事。

　　就算在面对自己不喜欢的人或者自己厌恶的事情时，也不要轻易表露出你的情绪。你不必强迫自己喜欢对方，但需要礼貌而真诚地问候对方。如果你无所顾忌，说话做事随心所欲，不在乎别人的感受，那么就会成为别人攻击的靶子。

　　在职场中，如果你想有一个持续平稳的发展，就要学会收敛你的个性，学会谨言慎行、不张扬。否则，终有一天，你会得罪别人，别人也会给你制造麻烦、打击你。即使事情与你无关，你也会成为替罪羊。

柳莹是一家公司策划部的副经理，她业绩突出，多才多艺，能力很强，长得也很漂亮，但她在公司却很不受欢迎。

柳莹刚进入公司的时候，凭借自己过硬的专业能力，经常能给上司提出很好的想法和建议。再加上她工作努力，同事对她的评价都不错。

在公司的集体舞会上，她能歌善舞，非常活跃。同事们一起去唱歌，她也是抢尽了风头，吸引了公司男同事的目光。

工作闲暇，女同事们总喜欢谈论一些穿着打扮的事情，而她这时总会无所顾忌地指出女同事们的不足之处。渐渐地，很多同事就都开始讨厌她。

柳莹在公司工作了三年，竟然没有建立起自己的人脉网，公司的新老员工都明显地孤立她。因为她的争强好胜，多次导致工作出现问题，上司在多次劝告无效后，让她另谋高就。

在职场跟他人交往的时候，要懂得收敛自己的锋芒，不要认为自己是最优秀的。不要随心所欲地想干什么就干什么，想说什么就说什么，要多站在别人的角度思考问题。如果你站在他人的角度思考，就能了解别人的真正意图，不至于树敌太多，让自己被孤立，并成为靶子。有些事，能让给别人做的，就让给别人做；有些话，能让给别人说的，就让给别人说；有些风头和功劳能让给别人抢的，就让给别人抢。

总之，你要谦和、不多事、谨言慎行才能平顺。隐藏自己的锐气，做一个成熟又有城府的人，路就会好走很多。

在一些人多嘴杂的场合，你一定要远离并保持距离。说闲话，听闲话，最终你会落闲话。闲话的目标人物最后就会成为你。不说别人闲话，不掺和别人谈论的闲话，那些麻烦事就不会找上你。

不要把自己的心里话说给某些人听。否则，你在与对方有利益冲突的时候，对方知道了你内心真实的想法，会利用你的心理弱点，明里暗里打击你。这样你就成了别人的活靶子。

在与比你位高的人交往时，一定要谦卑。不要指出他的错误，不要违背他的意思，不超越对方，要顺着对方。这样你才能免于与对方产生矛盾或冲突。

言谈举止决定你的职场生涯，你要注意自己的言谈举止，尽量避免因为言行问题而伤害别人，导致自己职场交际中的失败。

祸从口出，适时学做"沉默的羔羊"

现在的很多学生说话都比较心直口快，有什么说什么。有的学生更是以"怼"人为乐。因为对方是学生，所以很少有人会和他们计较。但当你步入社会、进入职场后，就会慢慢地发现，那些从前在课本里学来的心直口快、仗义执言、直言不讳等行为，在这个功利的世界里显得那么的不成熟。因为，那些口无遮拦的人，总是在不经意间就得罪了某些人。

小萍为人热情，多次帮助公司的女同事介绍对象。但成功的少，无疾而终的多。在公司，小萍多次给一位三十多岁的女同事介绍对象都没成。就在一次闲聊时，小萍大发感慨："三四十岁还不结婚的人，心理肯定有问题。"语毕，那位女同事就很生气地说："我怎么就有问题了，你这么说话合适吗？"

小萍也觉得自己说话过分了，连忙补充道："对不起，我不是说你，我是说男的。"说完，小萍才想起来办公室里还有一位快到四十岁的男同事至今未婚。最后导致办公室一片静默，好好的气氛就这样被破坏掉了。

年轻人一定要管好自己的嘴，别像我前同事小萍那样，什么话都不经过思索就脱口而出。这样不仅很容易就伤害到别人，而且自己在别人心中的信任度也会直接下滑，最终成了一个不受欢迎的人。

露露也是这样一个人，为人直爽，说话直接。同事和朋友们经常说她口无遮拦，说话永远不经大脑，常常不顾及别人的面子。就因为这样，露露在无意中得罪了很多人，关键她自己还不知道。

一次，露露的闺密郝灵买了一件新衣服，很贵、很漂亮。但遗憾的是郝灵的身材因为刚刚生完孩子有些臃肿，衣服穿起来显得有些不合适。

朋友们都看出来郝灵很喜欢这件衣服，所以都不忍心打击她，纷纷赞扬起来："这样的衣服才能显出你的气质，穿起来真好看，虽然贵了点，但物有所值啊！""这件衣服真好看啊！在哪买的？改天我也去买一件！"……

这一系列的赞美让郝灵很受用，可这时露露却突然说："你太胖了，身材都变形了，穿这衣服真是不好看，你看你的小肚子都露出来了，多难看啊！而且还那么贵，也没见得好在哪儿啊，我看也不值那么多钱！有这些钱都能买好几件不错的衣服……"

还没等露露说完，郝灵便气愤地走了。其他朋友也很生气："你是说痛快了，可这不显得我们虚伪吗？"

后来，大家聊天时总是躲着露露，毕竟，谁都爱面子啊！

俗话说："病从口入，祸从口出。"像露露这样口无遮拦，虽然逞了一时的口舌之快，但最终却伤人伤己。

步入社会后，你就没有童言无忌的豁免权了，如果你继续口无遮拦，只能让你处于朋友不待见、同事不喜欢的尴尬境地，最终导致交友失败、事业失败。所以年轻人一定要先明白这个道理，然后在与人交往时，牢牢把握好说话的尺度，避免口无遮拦。只有这样，在与人交往时，才能保证自己不会因为说话而得罪人。

微笑社交，跟任何人都聊得来

不把同事看成朋友是很多职场人士的信条，然而，不把同事当敌人却是职场中的很多人所忽略的。身在职场，你不能对你的同事怒目相视。在职场中，最得体的表情便是微笑。尤其是刚踏上工作岗位的年轻人，一定要学会微笑。俗话说"爱哭的孩子有糖吃"，职场中，爱笑的人才会得到你想要的，只有微笑，才能建立良好的人际关系，顺利地开展工作。

在工作中，微笑不再是真情流露，而是一种职业表情，即使是跟别人吵了架，跟家里闹翻了天，或者遭遇了祸事，都不能把这些沮丧的心情挂在脸上。每天出门前，把一切负面情绪都咽到肚子里，然后面带微笑迎接新一天的工作。

时间长了，你就会发现每天面带微笑会给你带来许多意外收获，因为，微笑不仅是友好的标志，也是礼貌的象征。在工作过程中，微笑能加深同事间的感情，调节工作时紧张的氛围。

关敏刚到公司上班时，让很多同事都感到惊叹，人们经常私下议论：这个小姑娘虽然年纪轻轻，但脸上却让人看不出任何情绪波动的痕迹。这主要得益于关敏大学毕业前在肯德基打工的经历。肯德基要求服务员学会"微笑服务"，他们每天都强调：顾客对了，要对他们微笑；顾客无理取闹，也要对他们微笑，并且耐心地解释。这对一个心高气傲的年轻人来说，是耐心和毅力的很大考验。开始觉得不习惯、不适应，觉得委屈，但时间长了，关敏发现，微笑是一种非常好的与别人沟通的方式。也是因为这段经历，让她尝到了微笑的甜头，并把它带到了毕业后的正式工作中来。

关敏现在并非做一线的服务行业，而是成了办公室里的一个小白领，每天在自己的方圆一平米内与电脑交流，但是即使如此，每当有人跟关敏说话时，关敏下意识的表情都是嘴角上弯，小虎牙微露，让对方还未说话心情便已豁然明朗。久而久之，同事们都很喜欢这个每天带笑的小姑娘。也有人批评关敏的微笑太职业，不是真正发自内心的微笑，但是关敏觉得，即使在自己心情郁闷的时候也能微笑着对待别人，这也充分表明了对对方的尊重。

其实，最美的微笑不是与生俱来的，而是训练出来的。有些职场人士不太喜欢微笑，而且也不习惯脸上总挂着笑容。这样的人，只能多花些时间练习微笑。即使不能达到见到人后自动微笑，但多微笑也会让自己偶尔低落的情绪得到回转。

怎样微笑才是最美的？那就是由嘴巴、眼神和眉毛器官协调完成的。与此同时，微笑也要讲究度，在交谈中哈哈大笑，不仅会让对方感到反感，也会让大家十分尴尬。微笑如果加上得体的手势或者肢体语言，会更加的自然、大方，而且效果立竿见影。

其实，在工作中微笑更多的是表达对对方的尊重，尽管心里不赞同对方的做法，但你还是要保持微笑。大部分时候，微笑与心情好坏无关，而是源自对他人的尊重和礼貌。

职场如战场，交浅言深很危险

职场是一个付出的地方，也是获得收益的地方，而同事是你最好的伙伴。在单位里一定要管住自己的嘴，切记同事不是密友，你说出的言论很快就会传遍整个公司。

朱宁是个刚刚进入公司的年轻人，他性格开朗，为人直率，进入公司后和同事们相处得也都不错。由于公司有内部食堂，所以中午同事们大都聚在一起吃饭，嘻嘻哈哈，特别热闹。朱宁刚进公司，满脑的主意和意见，正愁没地方说。于是，经常能在中午的餐桌上，听见朱宁慷慨激昂地点评公司的政策、现状、客户，甚至公司许多其他同事的情况。慢慢地，朱宁发现自己的饭桌上越来越冷清了。有的时候，他特意跟别人坐一桌，别人也会只低着头吃饭，吃完就走。而且他还发现，自己跟同事们的关系也慢慢冷淡了下来。

有一次，公司一位快退休的人告诉朱宁："小伙子你人不错，就是话多了点，说实话，你的话有些我不太爱听。我不爱听还没啥关系，要是换成你的顶头上司或者跟你有利益冲突的同事，那你就得多多小心了。别因为话太多在无意中得罪了别人，而遭到他人的报复。年轻人，少说点话没关系，千万别多说。"听了这位同事的话，朱宁觉得很困惑，自己真的是错了吗？

相信很多职场新人都有这样的困惑，难道在公司里连话都不能说吗？是的，聪明的公司职员都是不该开口就决不开口的人，因为他们知道，"乱说话"对于职场人而言是多么致命的硬伤！职场新人切记：不要谈论自己，更不要议论别人。如果你非常喜欢评头论足，这对你的声誉绝对是有害无益的，最终你将会成为大家都不愿意交谈和信任的人。当你刚加入一个新的团体，或一家新的公司时，新环境里自然会有很多令人耳目一新的事物，但你首先要学会的不应该是高谈阔论，而应该是潜心、细致地观察和思考。当然，我们所说的少说话不是让你一句话不说，该表明自己立场的时候还是要说，该问的还是要问，否则你将同样面临失败。

许多刚走出校园的毕业生都有一个相同的毛病，心里一有什么事，总要找个倾诉对象。还有的人，不分场合，不分时间，见人就说。其实这样也没错，好的东西和别人分享，坏的东西更是不能放在心里，但是不能随便找个人乱说，因为每个人看待问题的角度都是不一样的。说心里话的时候一定要分清场合和对象，该说的说，不该说的一定不能说。

王平刚参加工作时，想法很单纯，像学生时代那样与朋友无话不说，经常把自己的内心想法告诉给别人。就在他刚工作不久，因为表现突出成为部门经理的候选人。可他在无意中和同事们吐露，董事长和他的父亲是好朋友。于是，大家就把所有注意力放在了他和董事长的私人关系上了，完全忘记了他为公司做过些什么。最后，董事长为了显示"公平"，任命了另外一个能力和他差不多的职员为部门经理。所以说，要是他能够把秘密藏在心里，可能他就不会错过这个升职的好机会。刚毕业的年轻人一定要记住一点，领导们都喜欢公私分明的员工，敬业的含义不仅是努力工作，更重要的是，这还代表着你能以大局为重，不把私人的感情带到工作中。

每个人都要注意保护隐私的尺度，到底什么时候需要保护隐私呢？我们每个人的信息可分为绝对隐私、非隐私、相对隐私三大类，前两种较好把握。例如，会对你的工作产生影响的背景、人脉都会影响别人对你的看法；与上司、个人的社会关系，重要人物的私交等信息，都是属于绝对隐私。和别人交谈时，最好在说话之前先思考一下，想想这些话对这个人说了以后会不会对自己造成影响。

刚进入职场的毕业生，管住自己的嘴要注意以下几点：

首先，得意之时莫张扬。

每当自己因工作小有成绩而受到上司表扬或者嘉奖时，不少人就开始在办公室中飘飘然，四下张扬，或者故作神秘地对关系密切的同事倾诉。如果消息传开，那同事们一定会妒忌，从而引来不必要的麻烦。

其次，闲聊的话别深究。

在业余时间里，和同事们聚会闲聊是一件很正常的事情，可是很多人就是喜欢在别人面前炫耀。如果你一定要追问下去的话，对方马上就会露馅了。这样既扫了大家的兴趣，也会让喜欢炫耀的同事难堪。

再次，同事隐私不泄露。

既然是隐私，就是不想被别人知道的关于发生在自己身上的事情，要是同事从别人口中得知自己的隐私被你曝光，肯定会为以前付出的友谊和信任而感到后悔。

然后，不要搬弄是非。

如果你十分喜欢散播谣言，那你也不能要求别人一定要倾听。喜欢搬弄是非，会让别人觉得反感和讨厌。

最后，牢骚不可随便发。

喜欢发牢骚不仅让同事反感，而且如果让领导知道，你在工作中将遇到很多无形的困难。"言多必失"的教训实在太多，因此时刻要告诫自己，不要试图通过说话给别人留下深刻的印象。说多错多。尤其是在存在竞争关系、利益冲突的职场，千万要管好自己的嘴，切记祸从口出。

学会装傻，躲开别人攻击的锋芒

在不同的社交场合中，你会遇到形形色色的人，当然也会遇到让人难以回答甚至不怀好意的提问，如果不懂谈话技巧，就很容易让气氛变得尴尬，甚至得罪人。在面对不想回答的问题时，要学会答非所问，巧妙化解，既不失礼，又保全了自己的面子。

有些人就是因为不善于巧妙回答提问，而让自己陷入被动又无法让对方满意的境地。如果不懂变通，就无法掌握真正的社交之术。

小齐在保险公司干了很多年，能力没的说，就是不会说话。每次跳槽都是因为处理不好跟领导的关系。

再次辞职之后，小齐非常郁闷，整天借酒浇愁，还老抱怨没有人懂他。后来，好不容易有个老朋友想帮他一把，还被他搞砸了。

老朋友想把小齐介绍到朋友张老板的公司，特意摆了一桌酒席，千叮咛万嘱咐，要他好好说话。

酒过三巡之后，张老板了解到了饭局的意思，问小齐说："听说你的业务能力不错，为什么辞职啊？"

小齐不假思索地说："因为跟老板的关系不和，不知怎么就得罪了他。"

老朋友一听就不高兴了，这小齐怎么还是如此不会说话？赶紧打圆场说："小齐比较实在，跟你开玩笑呢。他的业务能力挺好的。"

老板对小齐有了几分了解，不动声色地问："那你期望的工资是多少？"

小齐正要开口说越多越好时，老朋友赶紧抢先说："大家交情不错，你根据他的能力给吧，他不会过多计较的。"

纵然老朋友在中间一再周旋，但小齐的表现还是让人不满意，最后老板找了个借口，离开了饭局。

"你怎么这么不会说话啊？我都帮你到这份上了你还是不争气，以后千万别再找我帮忙了。"最后，老朋友面子过不去，也撒手不管了。

小齐一个人坐在那里，又生气又无奈。

在社交中，不要回答别人想知道的问题，要回答自己想回答的问题。尤其是在重要的场合，巧妙的回答不仅能让人满意，还可以显示自己的能力和才华，让对方产生好感。小齐是个不会回答问题的人，不加思考、不计后果的回答，只能暴露自己的短处，影响自己的形象。

在跟别人谈话时，哪怕是很熟悉的人也要好好回答对方的问题。

从回答问题的方式，对方就能看出你的为人，直接影响别人对你的印象。有的人认为，话多说一句少说一句都没关系，在回答问题时常常信口开河，或毫无保留地据实回答。事实证明，这是不可取的。

这时答非所问就派上用场了。答非所问可以让我们巧妙地绕开他人的话题，既能避免尴尬或不怀好意，又能避免失礼，引起不必要的麻烦。懂得运用答非所问的方式巧妙回答问题的人，总能在社交中如鱼得水，赢得"柳暗花明又一村"的新局面。

要想做到恰当地答非所问，就要懂得"揣着明白装糊涂"，这样的人不是傻瓜，而是真正的智者。面对尖锐的问题，回答会让我们感觉尴尬，不回答又显得不够大气。假装听不懂其中的含义，用其他方式回答就会刚刚好。

有些人无法做到答非所问，他的人际关系就会显得比较紧张。凡事太过认真，就显得心胸狭隘，斤斤计较，这是交际中的忌讳，千万不能老犯类似的错误。遇到难题，要学会轻松绕行，这样才能把交际问题做得更好，达到自己的社交目的。

遇到不方便正面回答的问题时，可以通过暗示让对方明白其中的意思，或者传达自己的不满，言在此而意在彼。这是一种有效的缓冲方法，将对方扔出的"炸弹"威力降低，也可以给对方一个含蓄的警告或下马威。如此，对方才能意识到自己的问题并加以改正。

社交中，很多时候都不能"打开天窗说亮话"，要通过巧妙的暗示将难以回答的问题变得简单，同时让气氛不会太尴尬。所以，要学会通过暗示表达自己的意思，巧妙地回答问题。

巧妙转移话题也是答非所问的重要方法，面对不想回答的问题，不妨当作没听到，开启新话题，这是很常用的说话艺术技巧。主动转换话题，主导谈话方向，这样才能在聊天中占据主动，避开雷区。

小王是刚入职场的新人，因为初生牛犊不怕虎，一来就得罪了很多人，这让他吃了不少苦头。后来，虽然他也意识到了不妥之处，但平时跟人聊天时还是有人故意习难他。

在一次培训的时候，小王因为早晨有事迟到了五分钟，一时成了众矢之的。张老师是这里的老人，带头难他："哟，小王，你可是从来不迟到的，今天培训怎么迟到了？莫不是对领导有意见？"

面对这么故意为难的问题，小王很生气，但也不敢跟张老师对着干，于是他灵机一动说："张老师，您来得真早，早就听别人说您是单位的楷模，以后我得跟您学习了。"

张老师还想发问，小王立刻打断他："听口音您是北京人吧？我外婆家也是北京的，有机会到北京请您吃饭。"

就这样，小王通过转移话题，巧妙逃避了张老师的刁难，避免了尴尬，解除了危机。转移话题，转移对方的注意力通常都能收到类似的效果。

遇到实在不想回答的问题，还可以曲解对方的意思，假装听不懂，用糊涂的方式应付过去就行了。

很多时候，那些谈判经验十分丰富的人很会设计谈话陷阱，如果按照常规的思维方式，必然会掉进语言陷阱，巧妙曲解就不会如此了。

如果对方的问题很有难度，或者一时不知如何回答，可以通过反问把问题抛给对方，让对方替自己回答。如此一来对方可能会因为不好回答而放弃刁难，或者自己也可以根据对方的回答而取其精华。

总之，在社交中难免会遇到些不怀好意的刁难者，他们总会设置一些语言陷阱，如果我们不懂，答非所问，就会陷入被动，被对方牵着鼻子走。所以，要培养自己绕开话题的意识，既给了对方有力的还击，又彰显了我们的智慧，这是最好不过的了。

在交谈时，除了可以通过以上几种方式来应对他人不怀好意的问题，更主要的是随时保持敏捷的思维，寻找对方话语里的突破口。只有如此，才能把问题回答得更好，才能在交际中占据有利地位。

运用沟通工具，保证执行效率

职场上，尤其是那些刚毕业的大学生，处处因为慑于上司的权威而不敢与之交流。这是不自信的表现，对工作的开展十分不利。其实上司并不是那么不通情理，他也会与别人交流。任何一位上司，都愿意及时了解下属反映的情况，因为他想从中了解一些存在的问题，并从中找出解决的方法。

但在和上司交流的时候，也要注意尺度的掌握，这不仅对上下级的来往有帮助，而且还能在上司面前展露你的才华，使你给上司留下一个美好的印象。

一次，公司要召开经理级会议，李琦被老板安排拟写会议日程和安排的任务，并且还要下发到每位参与会议人的手中。李琦很快完成了任务，并把提纲以电子邮件的形式发送到了老板的私人信箱里。老板在开会前两天很不满意地问李琦，为什么还没有看到她的计划，李琦说，几天前就已经把提纲发送到了老板的邮箱。老板说，由于那几天忙于洽谈业务，疏于检查邮箱，所以她提醒李琦以后一定要多注意，再遇到类似这样的事情一定要多打几个电话追问一下。后来，李琦在工作上又犯了类似的错误，这让老板对她产生了不好的印象。

"千万不要以为自己发出的邮件，对方就一定能在第一时间内收到；更不能不对传达信息不做核对就寄发给收件人。"这是李琦的教训。如果想要让上司转变态度，恐怕还需要很长的一段时间，可以想见，李琦近期内可能都不会得到什么提拔了。

职场人必须永远牢记在心的生存守则，就是和上司搞好关系。不论升职还是加薪，上司都牢牢掌握着你的前途。所以，能否很好地和上司进行沟通交流，才是你升职与否的关键所在。

沟通一定要有效，经常沟通并不意味着你的沟通是有效的。促进团队合作和个人的职业发展，需要进行有效的沟通。职业发展到一定阶段，你的瓶颈常常就集结在人际沟通上。因为上下级沟通不畅，而导致业绩不佳和人际关系紧张的事情也不在少数。

所以，必须要注意培养自己的"办公室情商"，这样才能在职场竞争中占得先机。作为下属，沟通是吸引老板目光的重要手段。话不说不清，理不道不明。沟通是一门学问，也是一种艺术，沟通往往能带来意想不到的效果，例如像消除隔阂之类的事情。就算上司的态度再冷淡，你也无须泄气，态度积极才能解决问题。注意，谈心的场所也尤为关键，一定要找一个适合的场所，并选择好时机，在整个谈话过程中营造出随意的自然的气氛。

是金子总会发光。但假如金子掉在灰堆中，它的光芒也会被灰尘所掩盖。一个有能力的公司职员，想要从众多精英人士中脱颖而出，只有表现得与众不同，让上司的目光停留在你的身上，这不是简简单单的邀宠。当今老板的眼光很特别，阿谀逢迎这一套对高瞻远瞩的老板已经不再适用，即便受用也只能是那些下三流的老板。

在日常的工作中，怎样才能够与上司进行有效的沟通呢？

首先，主动汇报。

如果你抱怨上司不重视你，请先扪心自问，你会主动地向上司汇报工作进度吗？做到这一点很重要。主动汇报是你与上司进行有效沟通的一个前提。

其次，不忘充电，努力学习。

一个人只有设身处地地为上司着想，才能让自己了解上司。上司想到了什么你也要想到什么，上司看到了什么你也要看到什么，这样你与上司沟通起来就容易了。心有灵犀一点通，是与上司沟通的最高境界。

再次，接受批评，错不过三。

一个人第一次犯错是因为无知，第二次犯错是因为不小心，第三次犯错就不可饶恕了。所以，在一件事情上你千万不要第三次犯错，否则你的饭碗就要丢了。

接着，不忙时主动帮助他人。

当你的同事做事不顺的时候，或是在你闲暇的时候，你应该施以援手。这样做，不仅会让你得到上司的赏识，还能博得同事的好感。

最后，接受任务时心甘情愿。

有的时候，遇到上司临时交代一些事情，下属会显得很不乐意，一副不心甘情愿的样子，这种下属是最让上司反感的。想要给上司留下好印象，凡是上司交代的任务一定要无条件接受，并要圆满完成任务。

第五章

管理策略：一个人是工作，
一群人是事业

一个人是工作，一群人是事业

在广阔而多元的今天，在竞争已经白热化的行业中，人才流失风暴愈演愈烈。特别是对中小企业而言，优秀人才的频繁离职，会给企业带来不可避免的经济损失，企业生产经营核心技术的外泄，也会使企业运转陷入困境，不仅如此，离职人员的"示范"行为还会造成其他员工的心理动荡，大大削弱企业的向心力和凝聚力。

古人云"欲造物，先造人"，企业更是离不开人。对企业管理而言，最重要的人力资源工作就是留住企业的优秀人才。吸引和留住自己的员工，防止人才流失，企业要做的不是仅仅针对某一个人才进行个案管理，而是将问题提升到组织战略的高度，充分认识到人才流失给企业经营带来的巨大风险，建立一整套针对人才流失的危机管理机制，从而避免因为优秀人才的流失，而给企业带来巨大损失的问题。

2005年8月，"热恋"了七年的雅虎和阿里巴巴终于决定在十一日这一天联姻。阿里巴巴在成功接收了雅虎中国全部资产的同时，还得到了对方十亿美元的现金投资。

当马云带着并购成功的巨大喜悦走进位于北京的雅虎中国时，此起彼伏的电话声却给了他当头一棒。所有的猎头公司像商量好了一样，将目光都聚焦在雅虎中国，他们帮着各种各样的公司来挖人。那一段时间，几乎每一名雅虎中国的员工都接到了猎头公司的电话，有的员工甚至一天之内接到好几家猎头公司的电话。猎头公司的频繁出没，一时之间让军心不稳的雅虎中国的员工人心惶惶。

面对这个艰难的挑战，马云不断找来雅虎中国的管理层谈话，还跟公司的普通员工进行及时有效的沟通，向他们描述了新雅虎的未来。与此同时，马云还火速调来了远在杭州的时任阿里巴巴人力资源副总裁邓康明，共同制定出人员调整政策：每一位雅虎的员工有一个月的思考时间，员工可以自主决定去留。对选择离开的员工，公司会给予丰厚的补偿，并提供"N（在职年限）+1"个月的离职补偿金；而留下的员工，原来的待遇和职位不变甚至会有所提升，还会得到一定的阿里巴巴期权。

一个月过后，七百多位雅虎中国的员工只有三十人选择了离开，高级管理层全部留下，整个公司的离职率仅为4%。在全球，企业之间发生并购时，人才流失率通常在20%左右。

在阿里巴巴和雅虎中国完成合并之后的人才保卫战中，马云再一次用他的智慧和理念赢得了胜利。

在一个企业中，只有与员工荣辱与共的领导者才能得到员工的拥护和爱戴，这样的企业才能发展得更长远。领导者往往扮演着激发员工潜力、协助员工释放能量的角色，要想成功完成这个任务，就必须把"以人为本"贯彻到底。这不是政治上的空话，而是切切实实的忠告。把你工作的焦点放在员工身上，设身处地地为他们着想，了解他们的期望、观点、价值观等，你才能获得对方的支持，让员工为你尽心尽责地工作，并实现企业发展与员工发展的双赢。

"钢铁大王"安德鲁·卡内基说："带走我的员工，把我的工厂留下，不久后工厂就会长满杂草；拿走我的工厂，把我的员工留下，不久后我们就会有一个更好的局面。"可见人才对于一家企业的重要性。在任何组织内，最稀有的资源当然是第一流人才。现在的竞争就是人才的竞争。谁能吸引并留住人才，谁就是"战场"上的胜利者，谁就能笑到最后。

艾柯卡在 1984 年带领克莱斯勒公司盈利二十四亿美元，打破了公司历年纪录的总和。离开福特仅仅六年，他又登上了商界巅峰。

艾柯卡是非常重视人才的管理者，他说："一切企业经营归根到底就是三个词：人才、产品和利润，没有了人才，后两者都无法实现。我在设法寻求那些有劲头的人，那些人不需要太多，有二十五个就足以让我管好美国政府，而在克莱斯勒我大约有十二个这样的人。"

正是凭借这些人才，艾柯卡才能带领克莱斯勒汽车公司重新崛起。是什么让艾柯卡吸引并留住这样的一流人才呢？

关键就在于他知人善任。首先，他善于了解部下的心理，并且采用部属的语言和他们交谈。他说："使用听众自己的语言同他们讲话是非常重要的，这件事如果做得好，他们就会说，'上帝，他说的就是我想的。'他们一旦开始尊重你，就会跟你到底。他们跟随你的原因不是因你有什么神秘的方法，而是因为你在跟随他们的想法。"

其次，他让每一个下属都有机会表达自己的想法，并且他习惯在与下属交谈后，让对方将所说的意见写成书面文字，使这些想法具体化，以弥补口头交谈的缺陷，防止自己只是被他们的想法打动而采纳了不成熟或者不切实际的意见。

此外，艾柯卡采用不同的形式来表扬或批评一个人，在表扬的时候，他会采用书面形式，因为书面形式是可以长久保存的。但是当他批评一个人的时候，就采用打电话的形式。因为电话说过之后就能忘掉，并且电话也只在两人之间进行，让下属不会太难堪。正是这种不同的形式，极大地调动了员工的积极性。

凭借这种对人才的重视与吸引力，艾柯卡被迫离开福特公司到克莱斯勒汽车公司任总经理时，这批人又纷纷拥向克莱斯勒，他们放弃了福特的优厚待遇，谢绝了福特公司的一再挽留，甘愿和艾柯卡一起冒风险，可见艾柯卡的用人技巧有着多么大的魔力。

人才是第一生产力，能不能吸引并留住最优秀的人才，已经成为企业发展的关键因素。所以，没有任何决策所造成的影响和后果比人事决策更有影响。

带团队，必须有开放的思想和胸怀

管理者，并不是要和下属比能耐，你需要做好的是管理、善于用人、怎样能让比自己强的人为我所用，这才是一个优秀的管理者应该具备的才能。

很多企业管理者与员工们关系紧张，很难合作好，不是因为员工不合格，而是因为员工太过优秀。在现在的很多企业中，许多企业管理者在面对一些比自己优秀的员工的时候，总是一副争强好胜的样子，处处要显示出高人一等。此时，如果员工比较聪明，懂得忍让的话，那么带给企业的不利影响还小一点。倘若这样的企业管理者碰上一个"愣头青"式的员工，那么将可能会给企业带来非常大的不利影响。

事实上，一个员工越能够引起企业管理者的嫉妒心，只能说明这个员工非常优秀。学会与比自己更优秀的人相处，这是每一个企业管理者应该具备的能力。企业管理者如果因为员工比自己优秀就产生强烈的嫉妒心，带给企业的损害就不仅是破坏企业良好的工作氛围了，还可能产生更严重的后果。

说起世界上著名的企业管理者关于嫉妒方面的案例，福特汽车公司的事长亨利·福特恐怕是最典型的了。众所周知，他一手导演了著名的"艾柯卡事件"。

1978 年 7 月 13 日，"野马之父，汽车之父"艾柯卡像往常一样来到位于迪尔本的福特汽车公司总部上班，但是当他走进办公室的时候，迎接他的却是一纸被辞退的命令。艾柯卡在福特汽车公司工作了三十二年，从一个小职员一步一步做起，凭借着过人的才华和优秀的管理能力，最终当上了福特汽车公司的总裁，而且在总裁的位子上一坐就是八年。艾柯卡怎么都没想到自己会以这样的方式离开自己为之努力奋斗了一辈子的福特汽车公司。

事实上，艾柯卡离开福特汽车公司的原因并不是他的管理出现了多么大的问题，而是因为他的管理工作做得太好了，好到让董事长福特实在非常看不惯的地步，因为艾柯卡在福特汽车公司的管理业绩比他要好很多，这让一直自认为非常伟大的福特感到非常不快。在二十世纪六十年代，艾柯卡就和公司的工程师们一起夜以继日地设计新车，最终成功推出了非常受年轻人喜欢的"野马汽车"。在推出"野马汽车"之后，艾柯卡又成功推出了"侯爵""美洲豹"和"马克 3 型"等高级轿车系列，这直接让已经濒临破产的福特汽车公司迅速起死回生，而且还登上了全美第二大汽车公司的宝座，仅次于通用汽车公司。

当时，福特对艾柯尔已经嫉妒到了极点，凡是和艾柯卡关系比较好的员工，不管是高级管理者还是中级管理者，都一律开除。一个一直对艾柯卡比较崇拜的普通员工，在艾柯卡离开之后给其邮寄了一束鲜花，结果这件事情传到福特的耳朵里之后，福特立刻辞退了这个他连长什么样子都不知道的普通员工。这就是著名的"艾柯卡事件"的始末。

在被福特辞退之时，艾柯卡已经五十四岁了——这是一个非常尴尬的年龄，创业的话时间有点不够，退休的话又感觉自己还能工作几年，所以艾柯卡感到非常迷茫和痛苦。就在这个时候，已经濒临倒闭的克莱斯勒公司聘请艾柯卡为总裁。于是，艾柯卡又再一次回到了自己喜欢的汽车行业。

令福特做梦都没有想到的是，已经被自己击败的克莱斯勒公司竟然聘请了那个自己非常嫉妒的艾柯卡，更令他想不到的是——艾柯卡率领的克莱斯勒公司很快就成为福特公司最强有力的竞争对手，并最终使福特汽车公司让出了很大的市场份额，同时也让出了美国第二大汽车生产商的宝座。可以说，这一切都是因为董事长福特嫉妒比自己还优秀的艾柯卡而惹出的祸。

企业管理者的嫉妒可能会让优秀的人才流失，而这些优秀的人才还有可能反过来成为其十分可怕的竞争对手。因此，企业管理者保持一颗平常心，尽量减少自己的嫉妒心就显得尤为重要。

电影《天下无贼》中黎叔有一句经典对白："二十一世纪什么最贵？人才！"人才是企业的重要资源，是成功的保障，所以领导者要善用比自己更优秀的人，让企业的发展进入一个长久健康的良性循环。

对于管理者来说，妒贤嫉能无异于自掘坟墓，古人说："师不必贤于弟子，弟子不必不如师。闻道有先后，术业有专攻。"这同样适用于管理者和员工，对那些强于自己的员工，管理者更要予以重用，使其各尽其才，各尽其能，让他们能安心为企业奋斗，用他们的才华铸就企业事业的辉煌。

及时疏导情绪，消除员工心中的负能量

在当今的企业中，很多有某方面专长的员工越来越多，而这些员工，相对于物质福利，他们更追求精神上的满足。对于这一类的员工，管理者应该给予更多的关怀和理解，通过交流来了解他们的需求、激励他们的斗志，这样，他们才会更好地服务于公司。

根据调查，现在的企业招聘中，大多数应聘者更加看重企业带给他们的发展空间。而很多员工离职也并非因为工资太低，而是在公司看不到未来、看不到自己提升的空间在哪里。

可以说，员工是一个公司最大的财富，是一个企业核心竞争力的关键。如果员工在企业看不到发展、看不到提升的空间、看不到自己的未来，那公司又如何能够留得住他们呢？因此，开拓员工的发展空间，更注重员工的精神方面的需求，是每一个现代企业必须关注的重点。

一天晚上，索尼公司前董事长盛田昭夫按惯例走进职工食堂，与员工共进晚餐。这时，他发现一位年轻职员闷闷不乐，似有心事。于

是，他便有意识地过去与这位职员聊天。

聊了一会儿后，这位职员终于打开话匣吐出苦水。进公司前他很崇拜索尼这个企业，并以加入索尼企业为自己的荣幸，但进入公司一段时间后才发现，自己不是为索尼干活，而是在为主管科长干活。对于他来说，科长就等于索尼。因为这个科长非常小心眼，总是想方设法限制他与公司高层沟通，生怕他有所作为而影响了他的科长宝座。这样的科长令他对前途丧失信心。

盛田昭夫先生听后便感觉这不是个小问题，于是，他决定就此事进行改革。从此，索尼全面执行人尽其才的计划。其办法是，避开部门主管，定期发布内部招聘公告，允许职员自由而且秘密应聘职务，实行能者上庸者下的用人制度。此外，为使人事关系变得和谐，公司还坚持每两年让员工轮换一次岗位。

这些措施大大提升了新人的干劲儿，让他们有了很大的发展空间。有关专家认为，索尼能有今天的业绩，与公司注意为员工拓展发展空间是分不开的。

对于员工来说，发展空间可以满足他们自我实现的需要。美国著名的社会心理学家马斯洛认为，每个人都有五种层次的需要，由低到高依次是生理上的需要、安全上的需要、社交的需要、尊重的需要、自我实现的需要。

对于员工来说，他们也有自我实现的需要，即最大限度地发挥个人的能力，实现他们的理想、抱负，体现他们的价值。尤其在人才竞争异常激烈的今天，更多的员工意识到，个人不发展，能力不提高，可能很快就会失业，甚至被社会淘汰。这就要求企业给他们提供广阔的发展空间。有了发展空间，员工工作起来才有目标和动力，才能尽自己最大的努力施展自己的才能，不断提高个人的能力，从而实现自己的人生价值。

对于企业来说，给员工提供广阔的发展空间，一方面可以调动员工工作的积极性和热情，可以促使员工不断地学习，提升他们的工作技能，提高工作效率和服务水平，进而促使员工为企业创造更多的财富；另一方面可以培养企业所需的优秀人才，留住优秀的人才。如果看不到发展的前景和进步的希望，员工就会因得不到有效的激励而没有工作的激情，甚至会懈怠，进而思变，另觅高枝，长此以往，人员流失将是一个令企业头疼的难题。试想，让一个硕士或者博士一直在银行做数钱的出纳工作，而不给予其培训和提拔的机会，他会做多久呢？他能坦然面对目前的工作，而不思自己的发展前途吗？显然是不会的！正所谓良禽择木而栖，优秀的人才在企业中有发展前景，他们才会有工作热情，才愿意留下来，否则，他们会另谋高就。

激发员工使命感，提升团队战斗力

　　在企业管理中，尤其是企业管理者在营造一支团队的过程中，使命感是成就一个卓越团队不可或缺的要素。树立员工的使命感远比培养几名人才更为重要，因为使命感可以让一个人变得成熟、强大，在强大的使命感的支配下，不仅可以充分调动起企业员工对待工作的高度责任感，还可以激励员工站在企业的高度，从企业的整体利益出发去思考问题，调动起员工工作的积极性。

　　有些优秀的企业管理者在创办企业之初，或许并没有意识到自己会有多大的理想和抱负，可能只是受利益的驱动，一心只想解决生活上的困难；或是由于自己的兴趣爱好，想通过奋斗来实现自己人生的价值；甚至为了自己心爱的女人必须让自己出人头地等等。无论出于什么动机，仅仅有这种主观上的意向还远远不够，根本无法使企业做强、做大。只有当创业者从无意识的使命感转变为有意识的使命感之后，才能带领企业在竞争激烈的市场环境下得到生存和发展。

　　人人都说："要想成功，梦想最重要。"实际上，使命比梦想更能牵引一个人源源不断地取得进步。梦想可以让我们在艰苦的环境中，心里仍然存在着永不磨灭的希望之火，但真正让我们在艰难中坚守岗位、让我们心怀信念一步一步穿越沙漠靠近绿洲的是使命，是我们对他人、对社会、对梦想的信念。

白领精英、美女主播等形象准确地概括了凤凰卫视的著名主持人曾子墨的职场角色。曾子墨的成长经历十分骄人：在与哈佛、耶鲁齐名的美国"常青藤"盟校之一的达特茅斯大学经济系度过了四年的留学生活毕业后，她经过多轮面试，加入了全世界两大投资银行中的摩根士丹利银行，得到了一份别人眼中的理想工作。

出色的工作为她带来了丰厚的回报：普通人难以企及的薪水和待遇；在全世界一流的公司获得宝贵的工作经验；可以和全球最有权势、最有影响力的商业巨头打交道，经常在同一时间进行着四五个项目。作为公司里的优秀员工，她甚至可以自己挑选项目。然而，她为此付出的是常人难以想象的艰辛。

在纽约的两年，是曾子墨一生中的黄金年龄，而她的生活中，除了工作便再也没有其他内容。普通工作的上班时间可能只分为上午和下午，但在摩根士丹利，一个工作日却会分为上午、下午、晚上和深夜四个时段。在无休止的工作中，曾子墨为了用精确的思维去定位股票上扬和下降的波动曲线，不得不成天泡在统计数据和大量的案卷中。

　　正当妙龄的女孩在生活中会有许多娱乐活动，而曾子墨经常通宵工作后回家洗个澡换身衣服，然后继续回去上班，每天平均只睡两三小时。曾子墨曾自述："如何挣扎着让自己保持清醒，我们各有各的绝招。有人用随身携带的铅笔尖在手臂上自我折磨，还有的男生把手放在裤袋里，不停地去扯腿上的汗毛。"

　　这样的工作和巨大的成就感带给曾子墨一次次的满足，这个奔波在世界第一金融中心纽约华尔街职场的财经界美女，颠覆了外国人传统印象中温顺、听话的中国女孩形象。她的自信、能干、惊人的工作效率和成绩让公司主要负责人开始考虑重点招收中国职员。"他们也一定会像子墨这样棒！"这句话让曾子墨觉得无比的骄傲和自豪。

　　这就是著名财经节目主播曾子墨在进入凤凰卫视前的工作经历。现在，转换工作轨道的她表现依旧卓越。她在2001年年底加入凤凰卫视，担任财经节目主持人，她主持的栏目包括《财经点对点》《财经今日谈》和《凤凰正点播报》，是最受欢迎的财经节目主持人之一。

　　在新的工作中，曾子墨依然获得了耀眼的业绩。她依然要面对新的工作带来的压力和辛劳。旁人眼中的理想工作、幸福人生不是运气、不是外貌，而是不眠不休的努力，是比别人更多的付出。这就是曾子墨的工作秘诀。

　　没有"疯狂"的努力，怎会有卓越的成绩？你对工作有多高的

期望，就要付出多大的努力；要享受工作的益处和快乐，同时也要
准备承担工作的使命、迎接工作的挑战；即使工作的困难会超出我
们的想象，你也要咬紧牙关，挺过这一关，因为这会让你自己提升
得更快、变得更强，这是你人生走向成功的必经之路。

　　不管你从事的工作多么低微普通，只要你选择了这份工作，就
应该尽全力去完成，并尽自己最大的努力把它完成到最好，让自己
成为这个领域的领头羊，这样你才能赢得别人的称赞和许可，才能
最大限度地成就自我，让自己获得更多的机会。

　　贾斯是一个不太一样的出租汽车司机。

　　一天午后，一位顾客从一家餐厅出来，正好坐上了贾斯的出租车，
上车后，他告诉司机去火车站。这位顾客在外贸协会工作，因为不是
什么大单位，工作地点的建筑也不是太显眼，知道的人并不多。所以
他每次都说是去火车站，免得费力解释半天。

　　他刚说完，贾斯对他笑笑说道："你是不是要去外贸协会啊？"

　　顾客非常吃惊，也非常好奇，便细问贾斯是怎么知道的。贾斯说：
"第一，我看到你在餐厅外面是和朋友很随意地道别的，证明你们经
常见面，你在本地工作；第二，你没有任何的行李，也没有一点出外
旅行的神色，而且一脸轻松，足以证明你不是去赶火车的，所以你真
正去的地方不可能是火车站；最重要的是，你手里拿的是一本普通的

英文杂志，并且被你随意卷折过，一看就不是重要公文之类的东西，而是供你自己消磨时间用的。一个把英文杂志作为普通阅读物的人，既然不是去火车站就一定是去外贸协会，火车站附近没有大公司，就只有外贸协会一家单位的人才会这样读英语。”

贾斯侃侃而谈，非常自信，一路聊开来，因为他有自信的本钱，他平均每个月都会比其他出租车司机多赚几千元，因为他每天的行车路线都是根据季节、天气、星期详细计划好的。

比如说，周一和周五的早晨他会先到几个中档住宅区转悠，因为一个星期的第一天和最后一天比较重要，很多公司会在这一天召开周会，所以搭出租车上班的人比较多。九点钟左右，该上班的人都上班了，他又会跑各大饭店，因为这个点大约刚吃完早餐，出差的人要出去办事了，游玩的人也要出去玩了，而这些人均来自外地，其中部分人可以报销车费，所以搭乘出租车是最多也是最好的选择。

到了中午，午饭前他会跑公司云集的大写字楼，这个时间，虽然员工没时间跑太远吃饭，但是经常会有公司中层邀请客户外出就餐，为快捷方便，一般会选择搭乘出租车。午饭后他又忙着跑餐厅较集中的街区，因为公务餐一般也就是这时候结束。

到了下午三点左右，贾斯一般会选择银行附近。公司的财务一般都是在这个点去银行取钱、汇款，这些人因带了比平时更多的钱，也大多不会去挤公交车，而是选择乘坐较安全的出租车，所以载客的比例也相对较高。到了下午五点钟，市区开始塞车了，便去机场、火车站或郊区。到了晚饭后，他又会去生意红火的酒楼，接送那些吃完饭的人，然后自己稍稍休息一下后，再去休闲娱乐场所门口。

凡是坐过贾斯出租车的人都对他印象深刻，不仅因为他公平厚道、从不欺客，更为重要的是，他对顾客心理的细致了解。他无疑是个不一样的司机，甚至可以说是个很有职业水准的出租汽车司机。即使他现在只是一名普通的出租车司机，他也明白自己的使命，并因为这份使命感，使他比其他出租车司机更受欢迎。

因为你觉得身上肩负着使命，所以会全身心地投入其中，因充满使命感而兢兢业业、脚踏实地，这不仅会促使你把工作完成到最好，还是保证你持续成功的核心因素。

职场中，"优秀"已经不再具备很强的竞争力，只有"持续优秀"才能让我们所向无敌。当我们给自己设定并不高的目标时，成功并不难；但当我们不断设定更高的目标去挑战自我的时候，成功将会越来越困难。要想让自己一直优秀，你就得不断超越以往的成功，去追求更高的目标，这才是真正的挑战。

不管你的能力有多强，信心有多大，成为出类拔萃者肯定需要付出比常人更多的努力。更重要的是，要实现更高的目标，仅靠一时的激情和金钱的驱动是远远不够的，唯一能让你持续奋斗的动力就是使命感！只有秉持坚定的使命感，才能挑战卓越，才能让自己离成功越来越近。

一名企业管理者要想建立起一支攻无不克的团队，就必须充分调动起团队中每一名成员的使命感，并且通过引导的方式将其上升到企业的高度，并将这两种使命紧紧地拧在一起，如此才能增强企业的核心力和凝聚力。因此，在日本的很多大企业里，至今仍然采取终身雇佣的用人制度，其目的就是企业想通过这种管理方法，为员工提供工作和生活等方面的保障，以使员工没有"后顾之忧"。所以，那些受雇于这些日本企业的员工，在工作中所想的并不是自己通过这个工作可以赚到多少钱，而是如何在企业为自己提供的岗位上实现自己的人生追求和梦想，如何充分体现出自身的价值。

比如，日本一些药企的研发人员，他们的所思所想，并非是新药研发出来之后企业会为此而赚到多少利润，而是考虑这种新药研制成功后，他们和企业会因此而治好多少个有相关疾病的人。日本企业员工身上的这种使命感，实际上已经远远超越了个人的得失与企业的兴衰，这种微观意义上的使命感，直接将自己的使命上升到了一种社会层面。这就极大程度地调动了员工工作的积极性，从而驱使员工主动且全心全意地做好自己的每一份工作。对企业而言，这其实就等于是拥有了一个个不为了薪酬而努力工作的员工，并且他们不会因为在工作中遇到了什么困难就退缩，反而会为了达到最终的目标而更加奋发图强。

　　所以说，员工身上的使命感，往往会最大限度地激发出每个人身上的潜能，是企业得以向目标推进的原动力。由此而言，企业管理者要想建立起一支攻无不克、战无不胜的团队，就必须充分激发和调动起员工的使命感。因为只有这样，才能打造出一个为了共同目标而共同奋斗的团队，从而推动企业走上一条卓越之路。

培养你，辞退你，从来都不是看能力

生活中总会遇到这样一群人，他们总是自我感觉良好，做任何事都只以自己的意愿为中心，要求所有人都为自己服务，却又置其他人的需求于不顾，不愿为其他人做哪怕一丁点儿的牺牲，不关心他人的痛痒。这主要表现在：第一，极少关心别人，与他人关系疏远；第二，固执己见，唯我独尊；第三，自尊心过强、过度防卫、有明显的嫉妒心。

总的来说，这种人心里只有自己，从来不会考虑别人，崇尚的是"人不为己，天诛地灭"。主要原因还是以自我为中心，走向了严重的个人主义思想。

毫无疑问，这种自我的意识对他自己的发展百害而无一利，这不仅会严重影响个人的形象，还会影响良好思想的形成。过于追求个人的利益，往往会导致放弃自己的崇高理想和远大抱负，因而也会失去良好的人际关系，因为没有任何人愿意同这种自私的人合作共事或终生相伴。可以说，这种人最后只能是得不偿失。

坦白地说，任何人都会有一点儿自私的思想。尤其是现今大多年轻人都是独生子女，从小就生活在一种相对独立的生活状态中，他们是整个家庭的核心。中国的父母和其他长辈大多都过分地爱护自己的孩子，甚至是溺爱，每做一件事都必须先考虑孩子，使孩子们在不知不觉中就养成了自私自利的坏习惯，不能全面地思考问题，使得他们忽视了别人的感受，往往只会考虑自己的利益。

毕业于北京某大学的高才生卢刚就是一个典型的例子。卢刚是一个非常聪明的人，他和另一位中国农村学生林华在 1985 年进入了美国的艾奥瓦大学。卢刚在 1991 年获得了物理学博士学位，当时他年仅二十七岁。

卢刚性格内向，从小学习成绩就很好，经常在各种比赛中获奖。在这样的成长环境中，他逐渐形成了以"自我为中心"的思想，总觉得自己比别人优秀，对身边的人感情淡漠，心胸狭窄，不喜欢和别人交流，更不愿意听取别人的意见。在和别人交往的过程中，他经常表现出一副很自我的样子，处理问题"非黑即白"。

和卢刚相比，林华性格开朗，善于和各种人交朋友，深得导师和同学们的喜欢。他们的导师是一位著名的天体物理学家，并且对他们俩要求都非常高。慢慢地，卢刚对林华产生了嫉妒和怨恨的情绪，认为他们的导师在评选奖学金时对自己不公正。终于在 1991 年 11 月 1 日下午，卢刚枪杀了包括导师在内的三位教授和林华后自杀。我们在震惊之余，也为英才的泯灭而惋惜。试想，如果他的心胸不那么狭隘，可以容得下别人，那这样的悲剧就不会发生了。

　　其实每个人都想获得利益避免伤害，这是人类的天性。如果可以的话，我们每个人都想按照自己的想法与别人相处。可是，人们总是被相互影响和制约，在这个系统中每一个变量的改变，都会对整个系统最终的走向产生深远的影响。就像"蝴蝶效应"中说的那样，可能美国太平洋海岸的一只蝴蝶仅仅是扇动了一下翅膀，结果就引起了日本的一场海啸风暴。

　　虽然很多人试图将事物的发展权按照个人的意愿进行，但常常事与愿违。社会学家们指出，人际交往中最简单最实用的原则就是"你喜欢我，我就喜欢你"，所以你若想得到别人的欣赏和尊重，你首先要欣赏和尊重别人。人类的发展与和谐就是在这种相互制约的制度下平衡的。倘若每次都抱着"宁教我负天下人，休教天下人负我"的心态，那么你离"为天下人所负"也就真的不远了。

　　有人这样说过："你能够在某段时间骗到所有人，你也能在某段时间骗某个人，可是你不能在全部的时间里骗到所有人。"你是什么人，大家迟早能够把你看出来。到那个时候，你辛苦建立起来的信誉就会像多米诺骨牌一样，迅速倒掉，那时，即使你再怎样后悔也都来不及了。因为人际关系是一种互动中的平衡，若是你违背了这一原则，那你很快就会得到教训。

曹操就得到过现世报，他刚刚把话说出来，陈宫就默默想到："我将谓曹操是好人，弃官跟他，原来是个狼心之徒，今日留之，必为后患。"于是，就想把曹操杀了。虽然陈宫最后没有把曹操杀了，但也决心不再辅佐曹操。可见"宁教我负天下人，休教天下人负我"这样的话，也只是曹操的想象而已，说出来都会惹麻烦，更不要说去做了。除非你脱离了这个社会。

每个人都要现实地面对这个社会，在这个社会中每个人都有自己的欲望和要求，并且享有相应的权利和义务，如此一来就很容易出现矛盾，因为现实不可能满足所有人的愿望。因此我们就要客观地面对现实社会，学会礼尚往来和包容，当然我们也不应该放弃自我权利和欲望的满足，但不能一味地为自己考虑。要是每个人都以自我为中心的话，我们大家都不会有好日子过。

跳出自己的圈子，多为身边的人想想，学会理解别人，并且学着尊重、关心、帮助身边的每个人。只有这样，在你需要帮助的时候别人才会伸出援助之手，在这个过程中，你可以体验人生的价值与快乐。学会尊重别人，要善于学会发现别人的优点和长处。我们都知道人有多样性，我们生活在这个世界上是相互依存的，没有任何人能够独立地生存在这个世界上。

要提高自己的修养，就要明白自我意识的不现实性和不合理性。

学会控制自我的欲望与言行。满足自己的利益一定要合情合理，在不伤害别人的基础上，把关爱留点给别人，把公心留点给自己。

按制度办事，没有规矩不成方圆

　　走进每一家企业，每一间领导人的办公室，墙上都会悬挂着纪律或职责的牌子，因为纪律就是一种制度，有制度就能减少管理中的人为因素。俗话说，没有规矩，不成方圆。没有纪律，整个团队都将会是一盘散沙；没有纪律，一个团队要想成为金牌团队也只是天方夜谭。信息化组织是有纪律的。只有拥有良好的纪律，你的团队才能实现高效动作。

　　"野马之父，汽车之父"艾柯卡刚到克莱斯勒汽车公司出任该公司的总经理时，公司的状况大大出乎了艾柯卡的意料。

　　由于前任的无能，公司几乎处于瘫痪状态，纪律松弛，三十五位副总裁各霸一方，互不通气，财务混乱，现金枯竭；产品粗制滥造，积压严重。就在艾柯卡上任当天，该公司宣布连续三个季度的亏损达一亿六千万美元。

　　艾柯卡知道，纪律是管理的依据，如果没有纪律的约束，整个团队就毫无生命力可言。团队绩效要靠纪律来保障。当时，公司管理机构庞杂，效率极为低下；财务系统混乱不堪；设计与制造、制造与销售互相节制；领导决策层信息闭塞；基层职员士气低落，工厂纪律松弛；各分公司更是鱼龙混杂；外行领导内行，完全丧失了决策的民主化和科学化，针对这种情况，艾柯卡在公司内采取一系列强化公司纪律的有力措施。在他的这些纪律措施颁布之后，公司的情况开始慢慢好转起来。最终为克莱斯勒的崛起奠定了坚实的基础。

通过这个案例，我们应该充分了解到，要想让企业的业绩和绩效得到有效的实施，必须要有纪律来做保障。

创建于 1877 年的美国电话电报公司 (AT&T) 是一家电信公司，曾长期垄断美国长途和本地电话市场。1959 年，詹尼担任国际电话电报公司 (AT&T) 的总经理一职。他上任后，发现 AT&T 公司是由分设在四十九个国家的分公司组成的一个大企业，虽然是大企业，但总部的人员却毫无生机，而海外的主管们也都是整天以逸待劳。

詹尼发现这种情况后，决定从整顿纪律开始。他将所有分公司的负责人召集到会议桌前，宣布了三条铁律：每个分公司，必须无条件执行总公司的指令；各个机构按月向总公司汇报财务状况，包括收入、支出、预算等；各分公司定期向总公司报告经营的环境及状况，所在地的竞争对手及市场分析。

这三条纪律所有人必须遵守，如果不遵守，当总公司派出的监督人员发现的时候，有权撤换。在此期间被解雇的人，一律不发退休金。

铁律颁布后，法国办事处的经理丹费尔对此却置之不理。他仗着自己的叔叔贝尔曼殊是总公司的常务董事，依然一意孤行。第一个月过后，他既没有向总公司汇报财务状况，也没有将总公司的催促放在眼里，他觉得总公司不敢把他怎么样。詹尼知道了这个情况后，立刻做出辞掉丹费尔职务的决定，并派出了另一位得力干将接替他的工作。丹费尔得知这个消息后，不仅拒绝离开自己的职位，也不与新来的经理办理交接。但詹尼早就想到了这样的情况，因此，在新经理赴任之前就告诉他："若是丹费尔不办理交接，你就另外找公司的办事处，并在报纸上报道公司搬迁新址的消息，让所有员工到新办公地址工作。员工愿意去的继续聘用，不愿意去的，立刻解雇。"丹费尔知道了詹尼的这个对策之后，毫无办法，最后只得和新经理办理了移交手续。

正是有了这种严明的纪律，迅速使得AT&T走上了正轨，再加上其他的经营措施，AT&T恢复了昔日在国际舞台上的地位。

一个企业若是没有严明的纪律，就不可能在二十一世纪的企业竞争中获得立足之地。而作为一个公司的领导，若没有将铁的纪律执行下去的决心和对策，那又怎么可能做到提高绩效、提高企业的业绩、让企业走向辉煌呢！

放下官架子，做一个有亲和力的领导

　　树立权威不能只靠端架子，把官架子放下来，为人处世低调一点，看似少了些官威，实则是提升了自己的人品，提升了自己的威信。所以作为管理者，应该放下官架子，提升自己的亲和力，和员工打成一片。正所谓是："人格无贵贱，人品有高低。"作为领导或管理者，一味地把自己看成是官的话，要派头、逞威风，实则是降低了自己的人品，这样的领导不能服众。

　　认为自己高高在上的人最容易脱离群众。所谓的"官架子"，是用排场来抬高自己的傲慢姿态。时下很多人以领导自居，一副高高在上的姿态，居高自傲，听不进员工的意见，不关心员工的想法。平时喜欢对下属指手画脚，批评时更是声色俱厉，缺少谦和的态度。这些领导是否了解，他们的"谱"摆得越大，员工就越是对他们感到反感。长此以往，不仅不利于各项工作的开展，也会让员工和管理者的矛盾越来越深。

　　其实，当个好领导的秘诀，不在于"官谱"摆得大不大，而在于是否具有亲和力，是否得到了员工的认可和信赖，能不能让员工真正地信服和敬仰。那些喜欢摆"官谱"的领导，员工对他们总是"敬"而远之。所以，做领导的一定要放低姿态，只有这样才能换取员工对自己的忠心。

实践证明，具有亲和力的领导最讨人喜欢，更容易受到员工的敬仰和尊重。他们不端"官架子"，常常"忘掉"自己的身份，和员工们打成一片。他们的亲和力慢慢化为了影响力，让员工死心塌地地跟着自己，为自己做事。

美国女企业家玫琳凯在长期的管理实践中发现，管理者和员工相处，最重要的一点就是放下官架子，以平等、关爱的态度对待他们，大家像朋友一样相处。这样，员工会以更杰出的工作业绩回报上级。

玫琳凯认为关心员工与公司赚钱这二者并不矛盾。她说："的确，我们是以赚钱为主，不过赚钱并不代表高于一切。在我看来，P与L的意义不仅仅是盈亏关系，它还意味着人与爱。"

玫琳凯不单单在工作、生活和相互交往上表现出对员工的这种关心与爱护，更表现在对员工错误的善意批评上。玫琳凯说："我认为，经常批评人的做法并不妥当。不是说不应当提出批评。有时，管理者必须明确表达出对某事的不满，但是一定要明确错在何处，而不是错在何人。如果有人在做错事后经理不表明态度，那么这个管理者也确实过于'厚道'了。不过，经理在提出批评时，千万不要摆出盛气凌人的'官架子'，否则结果就可能会适得其反。"

玫琳凯还认为，一个管理者应当做到当某人出错时，既在指出错误的同时，又能保护员工的自尊心。她说："每当有人走进我的办公室，我总是创造出一种易于交换意见的气氛。这一点很重要，只要我越过有形屏障——办公桌，那么创造这种气氛则易如反掌。我的办公桌象征着权力，它向坐在一旁的来人表明，我有权指示他应该如何如何。所以我总是越过那个有形的屏障，以朋友和同事而不是以领导者的身份与人交谈。因此，我们同坐在一张舒适的沙发上，在比较轻松的氛围中研究工作、解决问题。有时我还同来人握手拥抱，这样做能使坚冰消融，能使对方无拘无束。"

在谈到与员工相处时，玫琳凯说："我认为，领导同自己的员工保持亲密的关系是正确的。相反，如果经理同自己的员工总是保持雇主与雇员的关系，则是反常的。后者无助于最大限度地提高生产率，还会起到坏的作用。

"当然，这并不是要求管理者一味地放低身段。凡事都有度，有时候也必须强硬和直言不讳。如果某人的工作总是不能让人满意，你必须要表明自己的看法，绝不能绕过这个问题。不过你必须保持既要关心、又要严格的表达方式。换句话说，你必须既起到管理的监督作用，必要时能够采取严格的行动，同时又必须对该员工表示你的爱和同情，如此才能使他们愿意接近你。"

　　工作中，玫琳凯就从不摆"官架子"，更不会随意呵斥员工，在许多雇员眼里，她就像慈母。他们认为，玫琳凯是十分关心他们的人，他们对她非常信任。她的雇员甚至会对她说："我母亲去世好几年了，我现在就把你当作最近的亲人。"每当听到这种话，玫琳凯就感到十分光荣和自豪。

　　是的，谁会喜欢一个整天板着脸的领导呢？如果你完全可以做到让员工喜欢，为什么不去做呢？最简单的方法就是因人而异表现出你对他们的热情方式。你会发现：跟一种人打交道，最好的方式是握手；但跟另外一种人打交道，最好的方式则是拍拍背。我们都听说过大夫对卧床的病人表示关心，同病人握手的情景。同样，管理者也应在沙发旁边对来人表示关心。还有一点，就是你要把这些看作是感情的自然流露，做的时候要轻松和自然，否则会有做作的嫌疑。那样不仅不会拉近你和员工的距离，反而会让员工反感，感到你这个人很虚伪，以至于更加远离你。因此，作为领导或者不同阶层的管理者都应走上前去，放下架子真诚地同来人握手、拥抱。这是管理人的一个绝招。

　　如果一个领导在下属面前处处"打官腔""摆官谱"，那么他离"孤家寡人"的日子也就不远了，因为大家都讨厌这样的人。

　　一个企业就像一艘船，而员工好似水，"水能载舟，亦能覆舟"。

领导纵然是船的主人，但如果没有员工的努力，船也不会安然前行，所以即便你是"官"，是领导，和员工的区别也只是分工的不同，何不放下你的"官架子"，与员工一起战斗呢？

赏识每一位员工，让他们有施展的舞台

现在的员工要求自己不断学习，不断进步，他们越来越渴望施展自己的才华。《财富》杂志曾对工作环境比较好的一百家公司的雇员做了一次这样的调查，员工们自发工作的理由千奇百怪，如先进的技术、激动人心的工作、在同一公司变换职位的机会、执行有挑战性的海外任务、在公司内部提升的前景、工作时间灵活并且有非常优厚的福利等。但让人感到意外的是，很少有人提到"钱"这个因素。

其实，在我们身边就有这样一些不惜辞掉高薪工作，转而跳槽到工资较低的公司去工作的人。为此，有关研究人员曾针对一百五十位高级职员进行调查，调查结果显示：41%的人是因为晋升的机会有限而选择跳槽；25%的人选择跳槽是因为没有得到应有的赏识；只有15%的人是因为钱的因素，由此看来，现在的员工越来越重视自身能力的发挥。

员工注重个人能力的提高，他们不愿意重复没有挑战的工作。不要只想着你和员工之间只存在雇佣关系，那样的话，员工的积极

性将无法得到充分调动，你的企业也不会发展壮大，更别谈激发员工的潜能了。如果企业把这两者的关系当成互惠互利的结合体，那情况就大不一样了。企业作为员工施展自己才能的平台，理应给予员工最大的信任和支持，当员工在工作中充分发挥才能的时候也就是企业将要腾飞的时刻。

在康柏公司，当员工准备转投其他公司的时候，公司不会为了挽留而开出加薪的条件，因为他们知道金钱并不能真正唤回员工对工作的渴望和热爱。同样，有人在参加康柏公司的招聘时，招聘者会问他们："希望公司能给你什么？"康柏想告诉这些人：你在康柏不仅仅得到的是钱，前途和发展才是康柏给你最大的财富，这些"隐性利益"也正是员工所想的。"隐性利益"就像职业发展的"利息"一样，这个"利息"比薪资更具价值，更能激发员工为企业创造价值的愿望。

如果我们把一个组织看成是一个由个人组成的社会团体，团体里的人们都互相信赖、畅所欲言，并且都有机会发展。那么，管理者就是那种社团文化的设计者，他有责任创造氛围，并让公司文化得以不断地完善和发展。

优秀的管理者知道员工需要的是什么。戴尔认为，把公司的经营目标与员工的补助与奖金相结合，显然是一个对他们有很大鼓舞效果的方法。但更重要的是，必须想方设法把"发展前景"的观念灌输给员工，并进一步提升他们的才能，使他们发挥自身的全部潜力。为此，就要提高员工不断学习的意愿和能力。

平日里，戴尔通常提出各种问题来引导员工进行独立思考和学习，包括：如何才能让你在戴尔公司的工作变得更轻松、更有意义、更成功？如何了解顾客的喜好？什么是他们所需要的？他们希望看到我们什么样的进步？我们要如何改进？戴尔公司提出大量的问题供员工探讨，并且非常认真地聆听他们的意见。戴尔公司不管是在营运检讨、业务现状报告或小组讨论等会议，都花了很多时间提问题。他们提出的议题，在现在看来是非常有意义的。

在戴尔公司，员工们通过主动积极的思考、分析，在潜意识中已将自己当成了公司的主人翁，所有的付出都是自动自发、心甘情愿的。

可见，真正意义的人才，注重的是自己的成长性，自己的能力能否不断提高，是否有成长的机会，以及自己的发展空间是否与企业经营理念紧密相关，即对企业的认同感。要想留住真正的人才，让其得到发展的空间，就得靠事业来"攻心"。我们可以把留住人才比喻成一项系统工程，贯穿于企业内部工作安排、内部晋升、员工培训、参与管理及职业发展计划等过程中。

　　如同"授人以鱼，不如授人以渔"的道理一样简单，每个人都渴望进步，没有什么比心理上的成就感更令人欢欣鼓舞的了。所以，让员工将企业提供给他的那份工作当作自己的事业，他必能自动自发地工作，而最终的结果将是双赢。

第六章

执行策略：即刻行动，改变
一切的核心力量

即刻行动，改变一切的核心力量

人生在世，每个人都必须具备责任感，这不仅是对他人负责，也是对自己负责。而借口与托词，则是责任的天敌。然而，在我们的生活中，总是在为自己的拖延行为找借口的人到处都是，这实际上是不负责任的表现。当他们接到任务以后，并不是立即、主动地处理，而是不断地拖延，并不断为自己的拖延找借口。致使工作无绩效，业务荒废。可想而知，这样的人怎么可能有工作和事业上的突破？

生活中，无所不在的借口，像空气一样弥漫在我们周围。借口变成了拖延的一面挡箭牌，事情一旦没完成，就找出一些冠冕堂皇的借口，以换得他人的理解和原谅。找到借口的好处是能把自己的懒惰掩盖，心理上得到暂时的平衡。但长此以往，因为有各种各样的借口可找，人就会疏于努力，不再想方设法争取成功，而将大量的时间和精力放在如何寻找一个合适的借口上。

有命令就要去执行，这是我们每个人都应该遵循的做事准则。因为懒惰，你的那些借口能为你带来一时的安逸，些许的心灵慰藉，但是却会让你付出更高昂的代价。

　　李晓成是当地某机械公司的员工，已经有五年的工作经验。五年来，他一直与单位的同事相处融洽，与领导也相安无事。可是这天，他却失控了，居然与领导拍桌对骂。

　　其实，对这一点，同事和领导都没觉得意外，因为李晓成对待工作实在太马虎了事了，无论做什么事，都是一拖再拖，还经常耽误其他人的工作。其实，原来的李晓成并不是这样的，他的改变是从一次意外事故后开始的。那天，李晓成上夜班，可能是因为太困了，一不小心，就从架子上摔了下来，幸亏架子不高，只是腿有点轻微的骨折。

　　从那以后，领导安排李晓成什么事情，他都借口自己的腿不方便，毕竟是因为工作出的意外，领导也不好说什么。

　　然而，时间久了，领导也对他有意见了。一天，他还是和往常一样，比正常上班时间晚了半小时来到单位，到了以后，他接到一个电话，主任安排他随兄弟部门的车下乡一趟。于是，原本准备上楼的他就在单位门口等车。可是，一个多小时过去了，却没见到车的影子。他就给主任打电话。谁知道，下乡的车早已经开走了。主任说："那你为什么迟到呢？"

　　李晓成赶紧来到主任办公室，想当面向他解释清楚。主任却说："今天，你必须得去。要不然就自己坐公共汽车去吧！"说完，又忙自己的了。李晓成的怒火"腾"的一下蹿得老高。这明摆着就是在惩罚自己。"我不去。"他冷冷地说。"嘭"，主任猛的一拳捶在桌上，咬牙切齿地说："今天你去也得去，不去也得去。"李晓成气急了，也砸了一下桌子。

这一瞬间，主任吃惊地望着李晓成，这时，办公室外也已经挤满了来看热闹的人。

从那件事以后，主任好像有意冷落李晓成，他把办公室能处理的事情都交给别人做，这让李晓成寝食难安，最后，李晓成只好辞职，因为这家公司他确实待不下去了。

从这个故事中可以看出，李晓成总是拿曾经因工受伤这一借口拖延工作，因为拖延，他也与领导产生了纠葛，最终只得辞职离开。

在做事的过程中，经常找借口的后果就是逐渐养成拖延的坏习惯，初始阶段，也许你会有点自责，但随着拖延次数的增加，你会变得盲目，甚至到最后，你也认为自己做不到的原因正是借口中所说的原因。

"保证完成任务！"是美国西点军校学员们的标志性话语。"保证完成任务！"绝不是一句简单的口号，它是一名军人对命令的承诺，是勇士对责任的崇敬，是全世界的军人、战士对理想的执着。在西点军校中，任何命令都是言必行、行必果的军令状，只有执行，没有任何借口。在执行任务中，遇到困难总是想尽办法克服，不惜一切代价坚决完成任务。

没有任何借口和抱怨，职责就是一切行动的准则！处在平凡岗位的人们，或许经常感叹为什么成功的机遇总是不光顾你？为什么领导不愿意让你担当重大事件的处理工作？为什么同事们不愿意信任你？不妨从现在开始反省，你是否有拖延、找借口的习惯？如果有，那就彻底把借口从你人生的字典中永远剔除。我们要从以下三方面努力：

首先，要克服懒惰，选择行动。

一个人之所以懒惰，并不是能力的不足和信心的缺失，而是在于平时养成了轻视工作、马虎拖延的习惯，以及对工作敷衍塞责的态度。要想克服懒惰，必须要改变态度，以诚实的态度，负责、敬业的精神，积极、扎实而努力，才能做好工作。

其次，要端正态度，直面责任。

"积极高昂的态度能使你集中精力完成自己想要的东西。"在工作中，应始终保持平常心态，在任何时候，工作和责任始终捆绑在一起，工作越好，责任越大，没有工作也就无所谓责任，要敢于负责。

最后，要没有借口，立即行动。

工作的最终目的就是把事情做好，实现最大的效益，任何的借口和拖延都将成为工作的敌人。工作的选择、工作的态度、工作的热情，都建立在立即工作和立即行动上，只有行动才会让这一切变成现实。

不论大事小事，都是自己的事

　　我们通过在生活中观察，发现那些成功者往往是有担当有责任心的人，而那些碌碌无为者，总是为自己找很多借口来解释自己的失败或平庸。比如，上班迟到，会有堵车、闹铃坏了等借口；工作没完成，会有难度太大、资料不全等借口。并且，一旦时间长了，就会形成每个人都去努力地寻找借口，以此来掩饰自己的过错。

　　事实上，这样为逃避责任而寻找借口的人并不在少数，他们在遇到事故时，能推脱就绝不会承担责任。其实，责任不是我们想扔就可以扔掉的。如果你放弃了自己对工作的责任，也就意味着放弃了更好的发展机会。只有那些在工作中勇于承担责任、对工作充满责任感的人，才会被赏识、被重用。

　　经常听到这样的话："这不归我管""我很忙，实在没时间考虑那么全面""我试过了，真的没办法"。其实有些事情，很多人不是不会做，也不是没办法做，而是不想对做事的结果负责。这些员工，何来敬业可言？

　　叶丽一毕业就进入了一家建筑公司，同时招聘进来的还有好几个大学生，在老员工眼里，这群大学生被称为"草莓族"，因为他们青涩、幼稚、基本没有工作经验。

　　这群"草莓族"一开始被分配到不同的岗位，大多数都在基层部门。叶丽被分配到公司做行政人员，实际上也就是打杂的职位，但她却完全不像其他的"草莓族"那样，一面抱怨工资太少，一面躲在电脑前聊QQ。

　　叶丽分配到的工作非常枯燥，她每天上班的任务就是拆应聘信并翻译，工作量大而枯燥、索然无味，常常忙得四脚朝天。可是叶丽不急不躁，一直耐心仔细地做，有了空闲的时间，还会给老员工打下手，问问他们有什么需要帮忙的。

　　半年后，叶丽被提升为办公室副主任。

　　虽然升职了，叶丽依然是大家眼里最负责任的员工，她常常在工作中鼓励员工们学习和运用新知识，还常常自拟计划，自己处理一些业务上的事情，请大家给她提建议。只要给她时间，她便可以把上司希望她做的所有事做好。

　　总裁认为：叶丽始终忠于职守，把自己责任范围内的事情做得有声有色，这样的人是每个企业都渴望得到的人才。

　　就这样，叶丽通过勤奋的工作抓住了一次次的机会，用了短短的五年时间，便升迁到了公司的副总经理。而这时，和她一起进公司的同学，发展最好的也只是公司里的小头目。

职场中，老板对员工的评价不是看他是否是新人，以及是否具备相应的资历和年限，而是看他是否有责任心。如果你对承诺做到的事情认真负责，结果绝对不会令大家失望。当同事与你约定了工作任务，你能一一遵守，那么，你就是大家眼中有责任心的员工。

对于员工而言，工作做不好的原因就是没有责任心，没有责任心会阻碍他们的潜力发挥出来。当今社会充满挑战，想要让自己脱颖而出，就一定要付出远超常人的努力，不能有一丝懈怠，并勇于在工作中承担困难。

职场中那些取得成功的人，不仅能够养成尽职尽能的工作习惯，而且还把这种习惯延续到了生活之中，比如许多人外出总要带上一只旅行杯，旅行杯的盖子一定要盖好、拧到位，否则杯里的水就会洒出来，旅行杯的盖子如果拧不到位，就等于没盖盖子。由此可见，工作中有哪个环节没做到位的话，就不会收到预期的效果，甚至所有的努力都会付之东流。

李利是一家杂志社的编辑。他伶牙俐齿，写得一手好文章，人也很聪明，但是他也有不少和聪明人一样的毛病，对自己的工作马虎大意，而且喜欢狡辩。每次当主编指出他负责的稿件中"的""地""得"混淆的错误之后，他总说："这个不算什么大问题啊，你为什么不看我文章写得怎么样，老盯着这个？"主编看着他笑笑说："好吧，是不是要我重新给你上语文课？"

当主编第三次指出他的这个错误时，李利的"聪明才智"立即又体现了出来："前几天我问过我一个做出版的朋友，他说现在已经通用了。"主编耐着性子没有当场指出他的错误："那我们以市场为标准，让客户来评判我们的产品质量，如果有一个读者认为这是个错误，那我们以后就必须严格改正。"他愣了片刻，然后"哦"了一声，算是同意。

李利还没有等到读者对文章质量的反馈结果，老板就找李利单独谈了一次话，谈话内容是就以他的工作态度来讨论他的去留问题。可想而知，老板一谈这个问题，李利还是大声说："我知道啊，但我觉得这些都是小事情，我写的文章，读者还是认可的。"然而，李利还有好多事不知道，他不知道主编已经在网上搜索出他的稿子是抄袭的；也忘记了他自己弄乱了工作流程，没有交给主编审核就送去排版的稿子；更不记得他们老板会定期重点研究谁的稿件严重违规的。

李利就这样"被离职"了。但他并不担心，因为他已经做了准备，当他发现公司上下都对自己怨言相向时，就立即开始寻找新的工作，但是结果如何呢？

一个月之后，一家文学网站的一个项目总编在网上找到李利以前工作单位的主编，问他："我们公司前两天招聘进来的员工中有个李利的，文章写得不错，听说以前做过杂志，你不是在负责这本杂志吗？"

"是的。他以前是我手下的编辑。"

"为啥离开你们单位？"

"被解聘了。"

"哦？为啥？"

本着给年轻人多一点机会的心理，主编没有向这家网站的总编透露李利的工作表现，但按李利一向的工作态度和原则，结果是可想而知的。

对于老板而言，他希望自己的每一个员工都是认真负责的。虽然他会赏识你出众的才华，但也绝对会反感你的投机取巧。每到年底，都会进行年终总结，当老板向大家询问"你对于工作是否努力"时，众人的回答都是"我已经努力地完成了工作"。然而，老板这里所指的努力，是超于及格的那种努力。在现实中，即便我们认为自己已经非常努力了，但是只要有一点的疏忽，那么我们最终还是会在竞争中失败，自己之前已经付出的努力也将全部化为泡影。

在职场上，不论大事小事，都是自己的事，而不是老板的事。所以，你必须在工作中付出无人能及的努力，也就是说你必须时时刻刻都保持着责任心，不让自己有任何懈怠。当你需要开创一项新的事业或者捕捉到一个巨大机会时，责任心就会起到很大作用，它会促使你迅速果断地担负起责任，不仅能制定出未来目标，还能找出实现这个目标的有效方法和途径。

执行力，别让你的梦想成为空想

南怀瑾曾说过一句话："人类的心理都是一样的，多半爱吹牛，很少见诸事实；理想非常的高，要在行动上做出来就很难。"

对多数人而言，生活的确如此，光说不做的人生是很可悲的。"只想不做的人只能生产思想垃圾。"

布莱克说："成功是一把梯子，双手插在口袋里的人是爬不上去的。"

有个博览群书的教授与一个目不识丁的文盲相邻而居。虽然二人社会地位和家庭背景不同，但他们的目标是一致的，那就是成为富人。

博学多识的教授每天都跷着二郎腿大谈特谈他那关于致富的想法，文盲在旁边认认真真地听着，他对教授的学识与智慧十分敬佩，并且开始按照教授所说的致富设想干了起来。

十几年过去了，当初那个潜心听课的文盲成了一个百万富翁，而侃侃而谈的教授却还在空谈他的致富理论。

　　思想很重要，但如果光有思想而不行动也是不行的。我们的本性不是消极等待而是积极行动。我们不仅因为这种本性对某种特定环境的反应而适应，还能让我们去创造环境。克雷洛夫说："现实是此岸，理想是彼岸，中间隔着湍急的河流，行动则是架在河流上的桥梁。"

　　人人都有理想，人对生活的热情就是因理想而增加的，当我们面对考验的时候，理想会让我们勇敢地面对。然而，我们应当把理想当作基础，然后再加以行动，否则，任何美好的理想都是空谈。

　　以前在网上看到过这样一个故事，说的是一位贫困潦倒的中年人，隔三岔五地到教堂祈祷，而且他每次的祷告词几乎都是一样的。"上帝啊，请您让我中一回彩票吧！阿门。"没过几天，中年人又垂头丧气地来到教堂，仍然跪着祈祷，"上帝啊，为什么不让我中一回彩票呢？我愿意更谦卑地来服侍你！阿门。"又过了几天，中年人再次来到教堂重复他之前重复过很多遍的祈祷词……最后，当他再次祈祷上帝垂听他的祈求时，得到了上帝的回应。上帝说，"你的祷告我听到了。但是你得先买彩票我才能让你中吧！"

　　虽然这个故事有些可笑，但我们不得不反思，生活中这样只想不做的人还是很多的。这些人终日沉溺于成功的幻想之中，整日幻想有朝一日成功会变成现实。但事实上，这些人根本不可能实现梦想，原因很简单，整日幻想而不付诸行动，哪里会获得成功。确定人生的目标是一件很容易的事情，但要实现它却是很难的。如果确定了目标而不行动，那么连实现的可能性都不会有。就像那个祈祷上帝让他中彩票的人一样，一心想中奖，却从不买彩票。与其冥思苦想，还不如身体力行地去付诸自己的行动。没有行动，再好的梦想都只是泡影。

只要你积极地去做，再难的事情也会变得容易。当你在面对某个问题时，往往会有许多不同的选择，如果你总是犹豫不决，那就必定会造成时间的浪费，甚至错过绝佳的机会。如果你及时采取行动，你会发现，做出决定和实施都会变得那样的简单。

生活就像骑单车，不能保持前行，就只会得到翻倒在地的结果，所以，工作时绝对不能把"踩车"的脚停下来。做任何事情都要讲求实效，行动第一，绝不拖延，有了目标后就立马去做。也许你会说自己已经养成了拖延的习惯，不要紧，你可以在工作中慢慢地训练自己严格守时的观念，慢慢地你就会把守时当成是一种习惯。

心动不如行动，不去做就永远没有实现的可能。而行动力主要是靠高度的责任心干出来的，是靠开拓创新闯出来的，是靠脚踏实地的工作拼出来的。只要我们责任心强，无论被组织安排到哪个岗位，也能认真负责地工作，细小事情也能干出一番成绩来。调整好心态，扎实有效地履行好自己的职责，只有每个人都把自己当成公司的一个窗口，主动去落实责任，充分发挥"第一责任人"的意识，才能实现个人利益与公司利益的"共赢"，才能在日益激烈的市场搏杀中立于不败之地。

小阮的经历或许对我们每个人都有所启示。

一天，某公司接待处工作人员小阮接到了一个外地客户的电话。经过查询公司资料，她发现今天并没有这样一位客户要来公司的预约记录，小阮便询问对方接到了哪个部门发出的邀请函。客户答道："好像是营销部。"小阮听后又进行查找，确实是有这件事，但是客户名字并不相符。

小阮把情况告知客户，又打电话给营销部，重新核对了客户名字。原来是营销部的人写错了客户的姓名。核实清楚后，小阮马上联系工作人员去火车站接客户。同时告知客户，接站员会做个接客牌，并将客人名字打到上面。客户表示清楚了。挂机后，小阮又联系车队，告之客户车次及抵达时间，并交代用车事宜。然后，小阮通知服务中心打印一张接车牌，交给车队司机，并一再叮嘱，有关费用问题，一定要等客人到店由接待员负责向客人解释收取。

一切安排妥当后，小阮方才下班，这时已经是晚上八点。临走时，小阮将联系电话交给了接班人，把一切都交代得很清楚。

次日上班，小阮联系到客户，询问他："一切可否顺利？"客户笑着说，"一切都很顺利，太谢谢你了！"

在很多企业中，最让老板头疼的就是员工不把责任摆在第一位，对布置的工作不积极努力、不按质按量地去完成，而只是做一些表面文章。这些员工总是轻视日常事务，基础工作不踏实、不完善，审核前实行突击战略，只做表面文章，应付了事。这种工作作风下的实际效果可想而知。

经常有人会思考，成功者与失败者之间差别究竟在哪里？其实，人与人之间在智力和体力上的差别并不如想象中的那么大。很多事情、很多目标、很多前景，大多数人都能说出来，但是，能不能做到，做的结果如何，却是千差万别。

无论企业还是个人，光能说出好的战略愿景是远远不够的，只有把工作落实在行动上，才能得到想要的结果。

说到位与做到位，虽然只是一字之差，可其效果却截然不同。当今社会是注重实践的社会，别人看你是否具备一定的工作能力时，不是看你"如何说"，而是看你"怎么做"。"说到"是指看表面、重计划、善表态，而"做到"才是重行动、重结果，是不折不扣的主动执行。"说到"且"做到"是优秀员工必不可少的素质。在工作中，我们不光要能说到，更要做到，因为做到、做好是体现一名员工执行能力的关键。

"现在"就是最好的时机

　　我们每个人思考一下，在工作中是否有这样的习惯——本来这个事情应该今天做，但自己打开电脑，正准备做的时候，内心忽然有另一个声音告诉自己，今天已经这么累了，明天再做吧，结果，你就听从了这个声音，关闭了电脑，去开始自己休闲的生活。我们生活中很多这样的时候，也有许多重要的事情，不是没有想到，而是没有立刻去做。我们总是找各种借口和理由，去拖延，去逃避责任。我们总是想着"有空再做、明天做、以后做、再等一会儿、再研究（商量）一下……"这都是在为拖延找借口。但我们真正要解决问题，只有一个解决方法——马上行动，一分钟也不要推迟。

　　有时候即使只是推迟一分钟，也许好事就会变成坏事。实际上，职场中，每个人都有拖延的坏习惯，只是拖延程度大小不同而已。但是，优秀员工会将这种冲动扼杀在摇篮里，他们时刻提醒自己"绝不拖延，立即行动"。

　　可见，一个工作效率高的人，其秘诀就是，该解决的问题立即解决，绝不拖延一分钟。你问题的积累是因为你拖延的坏习惯，面对着越来越多的工作，你根本不知道该从哪里下手，这样下去，最终只会导致更为严重的结果。

因此，我们必须记住：在工作中，每一分钟都非常重要。拖延时间，只会使我们在"现在"这个时期更加懦弱，并期待于幻想。也就是说，我们总是想着事情能往好的方向发展，但始终都不能取得成功。而且，有拖延心理的人心情总是不愉快，总觉得疲乏，因为应做而未做的事总是给他压迫感，拖延一分钟，并不能节省时间和精力，相反，它会更加消耗你的心力，甚至让你失去工作机会。

孙浩是一家知名广告公司的文案策划，他策划的文案总是很有创意，这让老板对他格外器重。一次，老板将新签约的一家大客户的广告策划案交给他来完成，并告诉他最迟在月底完成。孙浩接过任务后，心想还有半个月的时间，不用着急开始，他有充分的自信可以在规定时间之内完成。

于是，他每天都不急不慌地浏览网页、看看报纸、聊聊天，想着等到最后几天开始做一样可以完成，不必这么着急。

当孙浩玩得差不多了，准备开始工作了，却被老板叫去参加一个广告学习研讨会，耽误了整整一天的时间。但他还是不着急，想着，那就第二天再开始做吧。

可是他没想到，第二天公司电脑集体中毒，全部拿去电脑公司维修，又耽误了一天。没办法，孙浩开始找借口，跟老板多要了一天时间，下班后自己再回家赶夜车，匆匆写了一份策划方案交了上去。

由于策划方案写得仓促，几乎没有什么新意，客户又催得急，连修改的时间都没有。最后导致客户不太满意策划方案，公司为此赔偿了客户很多钱。虽然孙浩很有创意，但是讲究原则、办事严谨的老板，还是将他辞退了。

员工一定要独立，一定要在规定期限内完成工作，绝不能有拖延的情况。优秀的员工不仅能守时，而且他们还深知，在所有老板的心目中，最佳的开始时间是现在，最理想的任务完成日期是今天。

约翰·丹尼斯先生曾说："拖延时间常常是少数员工逃避现实、自欺欺人的表现。然而，无论我们是否在拖延时间，我们的工作都必须由自己完成。通过暂时逃避现实，从暂时的遗忘中获得片刻的轻松，这并不是根本的解决之道。要知道，因为拖延或者其他因素而导致工作业绩下滑的员工，就是公司裁员的对象。"

但是，现实工作中就是有那么一种规避责任的人，他们总是消极对待，做事拖沓，效率很低，也不愿意参与竞争。

小李是某咨询公司经理，同时兼任很多公司的顾问。一次，他与某大型企业高级经理一起研究企业组织结构再造的问题。在立项初期，该公司各项准备工作都做得不错：识别、确定关键问题；确立目标，形成策略，起草计划，一步一步都做得很好。小李看到他们的方案后也很满意，于是放心地离开了该公司。

但是令人失望的是，六个月后当小李再回到那个公司，想看看有什么变化，他们的方案能否解决问题时，小李看到的还是以前的面貌。从总裁到工人，没有一个人按计划行事，问及原因，经理们解释说："太忙，其他事情插上来了""与其他人接触不上""碰上了麻烦，计划搁置了"。小李不禁摇头苦笑，对经理们说："其实，这些都不是原因，真正的原因是你们的工作惰性。如果你们抓紧时间，立项之后立即付诸行动，相信绝不会是现在这样的状况。"

一家大公司竟然如此，可见不能将责任落实有多么大的危害。或许产生这种现象的原因，与企业的管理方式有关，除去这个原因，放在个人层面上，其实就是拖延惹的祸，换句话说，就是拖延捆住了员工的手脚。因此，每个员工要在责任的落实过程中保持高效率，不要拖延，这样才能为公司创造业绩，同时也是自己成功的基础。

阿辉和阿城是大学室友，大学毕业以后，他们俩同时被一家公司聘为产品工艺设计员。起初，公司给他们的月薪是很低的。

阿辉对低薪水感到愤愤不平。为此，他经常抱怨、推卸责任，还在工作时间和同事聊天，根本没有把工作的事情放在心上。

渐渐地，他养成了拖拉的坏习惯，办事效率极为低下。要他星期一早上交的方案，到星期二早上依然尚未做完，经理批评他，他带着情绪工作，把方案做得一塌糊涂。再后来，阿辉根本没想着怎么把工作做好，而是一味地推卸责任。

阿城则不同：他虽然对底薪也感到不满，但他从未抱怨、闹情绪，他坚信机会来自汗水，一分耕耘一分收获，只有今天的努力，才能换来明天的收获；机会随时都在你身边；主动负责，实际上就是主动抓住机会。他下车间，熟悉工作流程，他的勤奋努力引起了厂长的注意，不久，阿城就被提拔为厂长助理。而阿辉因为对工作总是一拖再拖，最后被公司解雇。

担任厂长助理一职后，阿城并没有因此而止步，依然兢兢业业地做好自己分内的工作，他总能在第一时间完成自己的工作；一些重要、紧急、需要决策的事情，他会及时向厂长汇报，并督促各部门坚持及时把工作做好、做到位。在阿城的组织管理和协调下，公司的生产效率得到了极大的提高。

一个拖延，一个高效，导致两个人的结果不同。社会心理学家库尔特·卢因曾经提出这样一个概念，叫作"力量分析"。他描述了阻力和动力的两种力量。他说，有些人一生就是因为拖延的坏习惯束缚住了前进的手脚；有的人则是一路踩着油门呼啸前进，比如始终保持积极的心态和勇于负责的精神。

可以说，库尔特·卢因的这一分析同样适合于工作。如果你希望自己在职场中能更好地生存和发展，你就应该把你的脚从刹车板——拖延上挪开，而在规定的时间内把你应该做的工作尽心尽力的做好。

高度的责任感，是成功的基石

敬业，是你在自己的工作领域中取得成功的基本要素。当你无条件接受上司的任务时，你就是在对自己的工作负责，这样就是敬业。一位优秀的员工，必然是一位敬业的员工，因为敬业的员工必然是一位服从命令、对工作负责的员工。

无条件执行工作，才是真正的敬业。如果对工作挑三拣四、为逃避工作找一大堆借口、对工作得过且过，这还能算敬业吗？

俗话说：患难见真情。这句话，同样适用于我们与我们的工作之间的关系。"无条件"三个字，包括了所有恶劣的环境可能遇到的困难，以及未知的危险，在这种情况下，我们坚持自己的工作，这表现出了我们对工作的"真情"！

无条件地把自己的工作做好，才是对工作的负责和尊重，才是真正的敬业！为什么我们如此强调敬业？因为只有敬业，才能守业、精业、乐业、创业！

凡是学过物理学的人都应该知道，法拉第是英国著名的物理学家。

不过，很少有人知道，法拉第并不是学物理出身的。法拉第在成为物理学家之前，是一名普通的书店员工。他每天的工作平常而简单——装订书籍。

工作虽然平常，但是法拉第却从来不肯怠慢。他总是认认真真地做好每一本书的装订，不出一点纰漏。每天重复枯燥的工作之余，法拉第也从来没有放弃过学习。他总是向书店里的老员工请教，然后自己琢磨怎样才能把书装订得又好又快。

有一次，法拉第得到了给大科学家戴维装订书籍的机会。当戴维看到了法拉第装订的书籍时，禁不住暗暗赞叹：法拉第资料整理得全面、抄写得认真、装订得严谨，真是令人佩服！没有对自己工作的热爱，没有耐心细致的处事风格，没有认真负责的工作态度，怎能有这样的成果！

戴维认为，科学的知识可以学习，但工作的态度才是真正难得的！因此，他向英国皇家学院推荐了法拉第。

后来，有物理学的地方，就有法拉第。

法拉第的成功，很好地向我们展现了他的"无条件"精神。在成为物理学家之前，他的职业是书店的员工。书店员工是谁都可以胜任的，但是成为物理学家的书店员工却只有法拉第。这得益于法拉第对工作的"真情"，凡是自己的工作就要做到最好。

从这种"无条件，做到最好"的行为中，我们看到了法拉第的敬业精神。正是由于他的敬业，他才耐得住平凡和寂寞，这就是守业。业越守越精，然后才有了后来的创业——开创自己的物理学事业。

反过来，一个人的敬业精神，又会促进他的"无条件"意识的培养和坚持。试想，如果法拉第没有敬业精神，那就算他获得进入皇家学院的机会又能怎样呢？恐怕会和很多人一样，最终碌碌无为吧。因此，敬业精神与"无条件"意识是相辅相成的。

怎样才能做到无条件执行和敬业精神呢？

首先就得表现在对工作负责的态度上。对任何一个员工而言，工作都是组成自己生活的不可或缺的一部分。要想对自己的生活负责，就要对工作负责！

树立起对工作的责任感，就能严格要求自己尽职尽责，做到事无巨细、一视同仁。一个对自己的工作负责的人，会严格要求自己。在他们看来，工作就是自己的事业，就是自己的心血，他们不允许自己的事业有一点瑕疵。

这类人身上的这种品质，是所有机构、所有职位都需要的。在一个公司中，员工可能有成百上千个，但高层领导无非就那么几个。领导不可能时时盯着你，督促你要对你的工作负责，这个时候只有你自己能对自己的工作负责！

无论是什么样的公司或者单位，高层领导都非常少。这就注定了很多时候，大多数人都只是在自己的小岗位上，做一些普通的工作。

可是，高层领导的决策正是由许多的普通员工来完成的。员工对自己的工作负责，做好自己的工作，高层领导的决策才能变成成果。如果你轻视自己的工作，对工作漫不经心，那么决策的成果，很可能因为你一个人而减少。

记住，你的工作很重要，你要对它百分之百的负责！

马青、李康和林航是大学同学，毕业时进入了同一家公司工作。

上班第一天，经理就把他们领到了生产流水线，说是试用期的新员工都要从底层做起。

马青和李康很不服气，认为经理摆明了欺负他们是新来的。经过林航的劝说，他们俩才勉强服从经理的安排，换下西装穿上生产线上的工服。

流水线的工作很辛苦，一天下来，他们的手腕像是灌了铅似的，腿也几乎动弹不得。而且遇到赶着要产品时，不仅流水线上的速度增快了很多，他们的上班时间也要延长。试用期一个月，对娇生惯养的他们而言，简直是地狱！

试用期的最后一天，一大早经理就把三人叫到办公室对他们说："这是你们这一个月的报酬，你们三个人都没有通过试用期，做完今天就走吧！"

马青和李康拿了工资摔门而去，根本不再理会还有最后一天的工作没有完成！

林航拿了工资也出了办公室，但他没有回家，而是回到流水线岗位，站好自己最后一班岗。下班时，他认真填好了工作汇报表，并交代了相关事宜。

第三天，林航接到了经理的电话，经理通知他成为公司的技术员。

其实对马青、李康和林航而言，流水线上的工作，并不能区分出他们能力的高低。经理让他们参加流水线工作，也不指望他们在流水线上能创造出多大的价值。因为经理心里比谁都明白：流水线的工作，随便一个手艺娴熟的工人，都能比他们三个人做得更好。

经理这样安排不是为了考察他们的能力，更不是为了把他们培养成一个流水线工人。经理把流水线当作一块试金石。这块试金石，试出了林航身上如金子一般可贵的对工作的责任感。

站好最后一班岗，是对自己工作的负责。林航对公司安排的工作负责，公司也不会亏待他。

只要你还在工作岗位上，就要对自己的工作负责到底，无论这期间发生了什么。你的责任心会外化成你的行动。也可以说：责任感，刺激你的执行力。

一个缺乏责任感的人，即使他的能力再强，也可能会把工作做得一塌糊涂。因为他没有对工作负责的意识，工作起来常常是只求了事，马虎应付。而一个有责任感的员工，即使他的能力稍逊，他也能减少在工作中的失误。因为他会尽自己所能，一丝不苟地完成工作。

立刻行动，不要总有失败的焦虑

在生活中，相信每个人都有自己的梦想或目标，也就是一个指引人们行动的方向，然而，最终能达到自己目标的人却是少数，大部分人还是庸庸碌碌度过一生。究其原因，是很大一部分人缺乏立即执行的精神。他们在行动前，就开始产生焦虑：万一失败了怎么办？这样永远都不会开始，只会与目标渐行渐远。所有的成功者都有着果断的执行力。可能一直以来，你都认为自己是个勇敢的人，但到表现自己勇气的时候，却左右迟疑、不敢付诸实践。其实，这不是真的勇敢。因为勇敢不是停留在言语上，而是要放手去做。

同样，在现实工作中，一些人因为害怕承担失败带来的后果，而迟迟不敢着手做手头上的事，他们宁愿承认自己没有足够的努力，也不愿意承认自己能力不足，他们会为自己寻找各种借口拖延，到最后，就能名正言顺地不必承担失败的责任。

2007 年，美国卡尔加里大学的教授发现，人们拖延行为的产生与害怕失败有一定的关联，一些人因为害怕失败而立即行动，一些人因为害怕失败而选择逃避和拖延。

　　更为有趣的是，一些心理学家还对那些因为害怕失败而产生拖延行为的人做了心理评估，经过评估，心理学家发现他们有几点共性：否定自己、相信宿命、习惯无助。很明显，这些都是消极的心理症状，被这些负面情绪缠绕，怎会有快乐可言？虽然，立即实行的后果可能是失败，但拖延也是失败，为何不放手一搏呢？最重要的是，很多时候，事情并没有我们想象的那么糟糕，甚至只是我们杞人忧天而已。

　　在美国，有个刚毕业的年轻人，在一次州内的征兵选拔中，他因为体能好、表现优异被选中。在外人看来，这是一件好事，但他却不高兴。

　　为了庆祝孙子被选上，他的爷爷从美国的另一个州来看他，看到孙子心情不好，便开导他说："我的乖孙子，我知道你担心，其实真没什么可担心的，你到了陆战队，会遇到两个问题，要么是留在内勤部门；要么是分配到外勤部门。如果是内勤部门，你就完全不用担忧了。"

　　年轻人接过爷爷的话说："那要是我被分配到外勤部门呢？"

　　爷爷说："同样，如果被分配到外勤部门，你也会遇到两个选择，要么是继续留在美国，要么是分配到国外的军事基地。如果你分配在美国本土，那没什么好担心的嘛。"

年轻人继续问："那么，若是被分配到国外的基地呢？"

爷爷说："那也还有两个可能，要么是被分配到崇尚和平的国家；要么是战火纷飞的海湾地区。如果把你分配到和平友好的国家，那也是值得庆幸的好事。如果被分配到海湾地区，同样会有两个可能，要么留在总部；要么是被派到前线参加作战。如果你被分配到总部，那又有什么需要担心的呢？"

年轻人问："那么，若是我不幸被派往前线作战呢？"

爷爷说："同样，你会遇到两个选择，要么是安全归来，要么是不幸负伤。假设你能安然无恙地回来，你还担心什么呢？"

年轻人问："那倘若我受伤了呢？"

爷爷说："那也有两个可能，要么是轻伤，要么是身受重伤、危及生命。如果只是受了一点轻伤，而对生命构不成威胁的话，你又何必担心呢？"

年轻人又问："可万一要是身受重伤呢？"

爷爷说："即使身受重伤，也会有两种可能性，要么是有活下来的机会，要么是完全无药可治了。如果尚能保全性命，还担心什么呢？"

年轻人再问："那要是完全救治无效呢？"

爷爷听后哈哈大笑着说："人都死了，还有什么可担心的呢？"

这位爷爷说的："人都死了，还有什么可担心的呢？"这是对人生的一种大彻大悟。有时候，我们对某件事很担心，但只要转念一想：最坏的状况莫过于以这样的心态面对，其实就没有什么可担心的了。

尼采说："世间之恶的四分之三，皆出自恐惧。是恐惧让你对过去经历过的事苦恼，然后惧怕未来即将发生的事。"的确，我们只要做到不念过往、不畏将来，就能变得勇敢。

很多时候，消除恐惧的方法只是做个痛快的决定，只要想做，并坚信自己能成功，那么你就能做成。

张慧今年二十八岁，刚结婚那几年，她是幸福的。她本来以为找个好人家把自己嫁出去，往后的生活会围绕着丈夫与孩子转，一辈子也就这样了。但是，当她真的成家以后，却经常感到很迷茫，觉得浑身不自在。

更让她感到糟糕的是，婚后的丈夫好像也变了，找了份安稳的工作后，就变得不思进取，每天下班回家后就是打扑克、泡酒吧，这让她打心眼里嫌弃丈夫的无能和窝囊，再加上家里的经济条件并不十分宽裕，因此她很不开心，时常唉声叹气。

一个星期天，张慧的闺密邀她喝咖啡，她开始诉说心里的烦恼，埋怨自己嫁错了人。好友善意地提醒她："如果你总想着让老公多赚外快，增加收入，那么你恐怕很难感到快乐。既然你自己有理想、有能力，为什么不干脆自己创业或者努力工作呢？"这番话点醒了张慧，她仔细一想，觉得好友的话十分在理，于是她开始留意身边的各种机会。

半个月后，邻居准备转让一家餐馆，她就动了心思，打算把餐馆接过来。当时，丈夫和婆婆都不同意，觉得她一个女人能干成什么事。再说，她也缺乏经营经验，而且事情太繁杂，怕她遭罪，但张慧坚持接了下来。很快，因为经营有道，她的生意红红火火。

尤其让她感到高兴的是，因为她打开了自己人生的新局面，丈夫也不再游手好闲，时常来帮她招待客人，管理餐馆的大小事务。丈夫在工作中也开始奋发向上。丈夫常感激她，说她让他找准了人生方向，就像周华健唱的那首歌——"若不是因为你，我依然在风雨里飘来荡去，我早已经放弃……"

如今的他们，在生活中互相交流自己的想法和意见，感情也比从前更加融洽。

这就是一个聪明女人不甘于现状，用自己的能力改变现状的典范。刚开始，她围着丈夫和孩子转，原本以为这就是幸福，但实际上，这并不是她想要的生活，她很快发现自己过得并不快乐，在闺密的提点下，她很快找到了努力的目标。事实证明，她有能力经营好自己的事业、自己的幸福。

　　因此，我们发现，消除焦虑、立即行动乃至获得成功的钥匙就掌握在自己手中，只要我们积极主动一点，那么，幸福与快乐触手可及。在做事的过程中，一些人总是担心失败后的情况，因此产生了不必要的焦虑。但实际上，我们谁也不必要去预料明天，要做的就是把握当下。

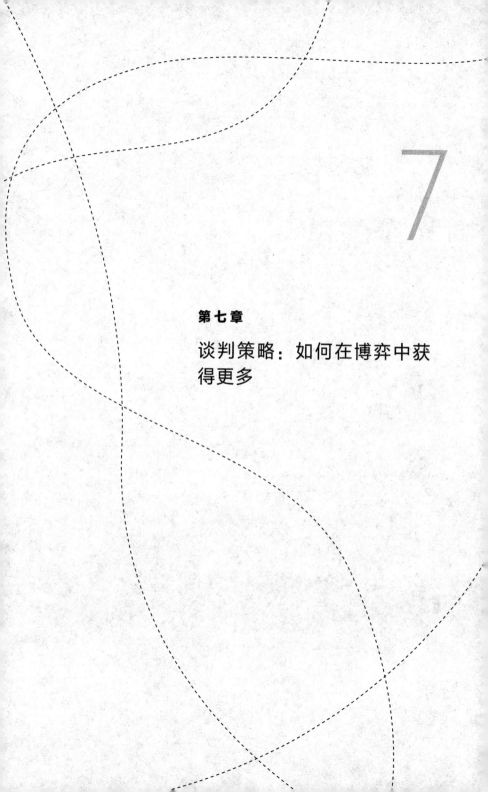

7

第七章

谈判策略：如何在博弈中获
得更多

让对方说出自己的需求，谈判才能一击即中

在谈判过程中，谁先开口说话，谁说的话比较多，谁就有可能处于被动的位置。俗话说："商场如战场。"在谈判桌上，为了避免受到对手的攻击，人们总是千方百计地遮掩自己内心的真正想法，而"紧闭嘴巴"则成为掩盖自己心理的有效方法之一。试想，若是什么都不说，对方自然不知道自己在想什么。反之，谁说的话比较多，他暴露出来的信息就可能较多，在谈判过程中就只能处于被动的位置了。因此，为了自己能占据主动位置，应该让对方先开口。更为关键的是，只有让对方先开口，你才能探得一些信息，在接下来的谈判中，你也能句句击中其心了。

小张是一个推销员，经常天南海北地跑。一次，他出差到杭州，工作任务是与商家洽谈一笔生意。

到了约定的时间，小张来到酒店，双方代表面对面落座。小张注意到对方是一个不苟言笑的人，而且，见到小张来了，他还在低着头看报纸。这让小张觉得比较闷，于是就主动向对方打招呼："最近杭

州天气比较热啊！"没想到，那位谈判对手头也不抬，冷漠地回答道："杭州都是这样的天气。"小张并没有放弃想交流的欲望，他继续问："听口音您不是本地人吧？""噢，山东枣庄人。"对手抬起头来，警觉地看了小张一眼。"啊，枣庄是个好地方！读小学的时候，我就在《铁道游击队》的连环画上知道了。两年前去了一趟枣庄，在那边还玩了两天呢，很不错，真是个好地方。"听了这话，那位枣庄人精神为之一振，马上放下报纸站了起来，先是递烟，又与小张互赠名片。两人越聊越高兴，晚上相约一起进餐。就在当天晚上，双方就谈成了一笔互惠互利的生意。

如果对手不先开口，小张就无法详细地了解对方，自然也就没有办法谈成生意了。在谈判过程中，谁先开口，谁谈论的比较多，谁暴露的信息就可能比较多。而作为对手，我们应该从对方谈论的话题中洞悉其心理，这样，在接下来的言语交锋中，我们才能对准对方的心理，达到谈判成功的目的。

有一家美国的汽车公司，正准备采购一批汽车坐垫布。当所有生产坐垫布的厂家知道这个消息后，立刻都送来了样品参加竞选。这家汽车公司负责采购的人员看到送来的样品后，便要求每个厂家都派一名代表来洽谈，再决定选用哪家的货。

　　琪勃是其中一家厂商的代表，可就在那一天，他患上了严重的喉炎。当琪勃先生和厂商去见汽车公司那些高级职员时，他竟哑了嗓子，几乎连一点声音也发不出来。他们被带进一间办公室，跟里面的纺织工程师、采购经理、推销主任和那家汽车公司的总经理都见了面。当琪勃站起来想要说话时，却只能发出沙哑的声音。大家围绕着一张桌子坐着，琪勃的喉咙发不出声音，只好用笔把话写在纸上："诸位先生，我嗓子哑了，不能说话，你们先说吧。"于是，其他厂商代表纷纷开始讲起来，每到一个厂商讲话的时候，总经理都会提出自己的某些看法。而坐在旁边的琪勃则会把那些信息记下来，再综合自己产品的信息。

　　等到大家都讲完了，琪勃开始嘶哑着声音说："大家都说得差不多了，我来说说我们公司的产品吧……"由于之前琪勃收集了经理的一些信息，他已经知道了经理看重产品的哪方面，不介意产品的哪些方面，因此，他避重就轻地谈了公司产品的特点，短短几句话，就赢得了经理的认可。当然，最后，这家汽车公司向琪勃订购了五十万码的坐垫布，总价是一百六十万美元。

　　也许，这份订货单是琪勃至今为止所经手过的最大的一份，但是，琪勃很清楚如果不是自己喉咙嘶哑，说不出话，他就会失去那份订货合同，因为他在之前对整个事情都有错误的观念。以前，他总是觉得自己越先开口，越能掌握话语的主动权。但通过这次经历，琪勃发现，原来让别人先开口讲话，是一件很必要的事情。

　　潜能激励大师安东尼·罗宾说过："对成功者与不成功者最主要的判断依据是什么呢？一言以蔽之，那就是成功者善于提出好的问题，从而得到好的答案。"在谈判过程中，善于提问是很有必要的，一个好的提问可以引发一次愉快的沟通，而一次愉快的沟通会让你获得更多信息。

　　成功的沟通是尽可能地让对方多说话，当需要别人去赞同自己意见的时候，失败的原因就在于话说得太多了，特别是一些推销员，他们很容易犯这个错误。其实，要想取得良好的谈话效果，你应该让对手多说话，表达出自己的意见，或者说，应该你问他问题，让他来告诉你一些事情，这样你才能搞清楚对手到底在想什么。

不要爽快地接受第一次报价

很多谈判都会涉及报价，而且这也是多数谈判者遇到的核心问题。针对谈判对手的报价，你必须给出自己明确的态度。当然，明确的态度并不意味着你要果断地做出同意的答复。正好相反：永远不要接受对方的第一次报价。

比如，你打算花二万元买一辆二手车，结果在二手车市场看到一位卖家标价一万元。你仔细看了一遍车子，也在车上体验了一把，感觉各项性能都没有问题。此时，你心花怒放，感觉自己捡到了一个大便宜。不过，出于本能，也有部分理性的参与，你感觉不应该如此爽快地接受对方的报价，所以你把价格又压了两千元，问对方八千元是否可以卖掉。

你本以为对方会发怒，或者至少犹豫一下，结果对方转过头和妻子商量了一会儿之后，就没再还价，说可以卖给你。此时，你会高兴地跳起来吗？未必。因为有两种反应肯定会在你心里变得活跃："一定是什么地方出问题了。我本可以把价格压得再低一点。"不可否认，这里有人性贪婪的成分，但在谈判桌上，只有用自己的贪婪抵消对方的贪婪，才能让各方面条件达到折中、互利共赢。

　　有位商人看中了一块总面积一百公顷的地皮，卖家出价十八万美元。在对地皮考察结束后，商人觉得如果把价格砍到十五万美元将会更加完美。他界定了价格范围，然后找了不动产的代理商向卖家报价十一万五千美元。事实上，这样的报价通常很有说服力，因为数字很具体，会给人一种经过精心核算过的感觉。

　　这位商人把价格压得如此低，就是为了在之后的谈判中给自己留足讨价还价的余地。事实上，他已经在着手应对与卖家激烈地交锋了。结果，让他感到意外的是，几天之后，这位商人收到了卖家寄来的报价单，表示接受他的报价。

　　一年后，这位商人卖掉了其中六十公顷，收回了所有的投资。再后来，他又卖掉了二十公顷，价格相当于他当时购买一百公顷时所出的价。对于这样的买卖，没有人会觉得商人亏本。但是这位商人当初得知卖家在几乎没有谈判的情况下就接受了他的报价时，心里是怎么想的呢？这位商人如此描述自己当时的想法："太糟糕了，我原本可以做得更好的。"

　　有时候，如果我们换个角度，也就是说站在卖家的角度去考虑这件事情时，也可以得到相似的经验。商场的销售员在与客户交涉时，很少有一次把价格谈拢的，即便客户给出的价格已经远远超出他们的预期。不过，与其说销售员喜欢与客户讨价还价，不如说他们更希望客户可以从讨价还价的过程中获得满足感、征服感。很多人在潜意识里，都觉得销售人员能说会道，所以在谈判中战胜销售员，这种征服感更强烈。因此，销售员在推销产品、卖东西的过程中，要学会利用客户的这一心理诉求，与客户议价时，可以找到一个大家都可以接受的平衡点，实现买卖双方的共赢。我们常说商人的欲望是无穷的，其实客户的欲望又何尝不是呢？如果销售员爽快地接受了客户的报价，则会引发他们的怀疑心理，开始在价格、售后保障方面找借口，期望可以把价格再压低一点。如果在价格方面与客户多"磨"一会儿，成交的时候，客户也会更加爽快。

那么，是不是面对所有的谈判对手，都秉承"永远不接受第一次报价"的法则呢？未必。在有些特殊的情况下，接受第一次报价或许会是唯一正确的选择。比如某个夜晚，你独自一人走在路上，被蒙面的歹徒用刀劫持，他让你把钱包掏出来。难道你会和对方讨价还价，说让他把钱包和信用卡留给你吗？所以说，遇到类似情况，一定要接受对方的第一次报价，因为对方只会"加价"，不会"降价"。最为重要的是，你是在冒着生命危险和对方谈判。

通过"二选一"的方式，让客户自己做出选择

　　在谈判过程中，你当然希望谈判对手能够跟随着你的心意做出选择，但如果你将自己的意愿直接强加给对方，势必会引起对方的反感，反而会让事情朝着你不希望的方向发展。因此，不妨用询问对方意向的形式让谈判对手"做选择题"。这样不仅能够限制其思考的范围，还能使你紧握谈判的主控权。

　　那些有经验的谈判人员非常善于利用这个方法以促使谈判对手进入自己的"圈套"，而且屡试不爽。下文的小玲就很好地做到了这一点。

　　小玲自己经营着一家美容店，每个月都会采购很多护肤品。她有一家合作得很好的品牌店——M公司，而且因为合作时间长久了，一直以来都以支票方式付款，而且结账期也是三个月。

　　最近一家新兴的S品牌的公司正在扩增业务，S品牌的销售员给了小玲一些试用品，希望小玲的店可以改用S品牌的护肤品。小玲在试用过后，觉得S品牌的护肤品虽然价格较低，可是效果却没有M

品牌的好。

她在价格和成效中做了取舍，认为对信誉而言，不能贪图一时便宜而改用 S 品牌，再加上她觉得自己的顾客已经习惯了 M 品牌，要是忽然改用 S 品牌的护肤品，那么很有可能会因此流失部分客户。

虽然小玲喜欢 M 品牌，可 S 品牌的价格确实让她心动。于是，小玲找到 M 品牌的销售员，跟 M 品牌的销售员表示："最近 S 品牌的使用者有变多的趋势。"

"嗯，我知道那个新兴的 S 品牌，价格打得很低，不过效果不太好。" M 品牌的销售员说道。

"我试用过 S 品牌了，之前他们公司和我接触过，拿了一些试用品给我。" 小玲犹豫地说道，"我也是做生意的，因此利润对我而言很重要，S 品牌给我了很多折扣，这会让我的利润提高。不过，我一向是和你们 M 品牌合作，所以我想先和你谈谈。"

"我们 M 品牌是老牌子了，他们是新兴的品牌，我敢保证在质量上还是我们 M 品牌比较优良。"销售员说道。

"我也是这样认为，不然你再给我一点优惠，给我 5% 的折扣，以后我还是和你拿货。" 小玲试探性地问道。

销售员露出为难的表情回复道："小玲，5% 是现金折扣，你拿货都是开立三个月的支票给我，所以按规定是不能给你这样的折扣的。不如你付现金吧，如果你付现金，我就可以给你 5% 的折扣。"

　　小玲听销售员不愿让步，口气强硬地说道："我也是你们的老客户了，每次买的东西也不少。我有两个提议：第一，以后我还是开立三个月的支票，不过希望你至少给我 3% 的折扣；第二，我付现金，不过我希望现金的折扣可以再高一点，给我 7% 的折扣。你选择哪项提议？"

　　销售员听完小玲的提议，觉得第一和第二都不符合公司规定，可是为了不损失小玲这个大客户，销售员也只好从两项提议中选择一个。思考过后，她妥协地向小玲说道："好吧，以后你还是开给我支票，然后我给你 3% 的折扣。"

　　小玲之所以能够通过谈判取得较低的折扣，是因为她让销售员做了一道选择题，让销售员没有思考的空间，只能从两项提议中挑选较有利的选项。

　　其实，小玲的两项提议无论哪一个对她来说都是有好处的，只是好处的多少罢了。关于这一点，需要掌握的是，在你费心思为谈判对手设置选项的时候，一定要确保你所设定的所有选项，无论对方选择哪一个，对你都是有利的。这样你才能确保自己没有利益方面的损失。

　　总之，为了确保己方获得谈判的主动权，为了从谈判中获得更多的利益，不妨为你的对手设置一些选项，让他做选择题吧！

学会适当的沉默，营造处变不惊的自信

在实际谈判中，有时候需要我们假装沉默，让对方摸不透我们心中所思所想。所谓"言多必失"，真正卓越的谈判者要善于沉默，不管在什么谈判场合，说话都应该有的放矢，不该说的时候一句话也不要说。

口齿伶俐，在谈判场合中口若悬河、滔滔不绝，这是很多人所向往的场景，但如果自己在不适当的时机口无遮拦，说了错话，说漏了嘴，这也是难以弥补的过失。著名作家大仲马说过："不管一个人说得多好，你要记住，当他说得太多的时候，终究会说出蠢话。"确实，当你说得太多，那关于自己的一些信息就会源源不断地传递给对方，这样我们很容易被对方看穿，对此，我们要学会假意沉默，让对手猜不透我们的心理。

沉默是谈判的一种境界，是谈判桌上面对挫折处变不惊的镇定，也是一种无所畏惧的宁静和自信。沉默是可贵的，在谈判中，有时候沉默比所有的语言都更有力量。因为，要想赢得谈判对手的信任，就必须耐得住寂寞，学会在沉默中积蓄能力，在沉默中寻找时机。

新年的时候，柏莎收到了一份特殊的礼物——一株仙人球，是老朋友贝灵送给她的。贝灵说仙人球是一种奇特的植物，既能防电脑辐射，还能带给人惊喜。

对于仙人球这种普通的植物，柏莎并没有太在意，她将仙人球放在电脑旁，偶尔也会观赏一番。不过这个小小的仙人球似乎很不争气，柏莎刚开始还对它抱有希望，想着也许有一天能看到仙人球开花呢。可是两年过去了，仙人球还是一点动静都没有，它长得很慢。渐渐地，柏莎对这个小小的仙人球彻底失望了。三年过去，它仍然只有苹果大小，甚至还出现了"未老先衰"的征兆。

一天，柏莎买来一盆色彩鲜艳的植物，替换了不长进的仙人球，把它扔在了阳台的一个不起眼的角落里。转眼间，又是一年，柏莎几乎忘记了仙人球的存在。一个周末，她在阳台休息的时候，无意中看到阳台的角落里有一抹清纯的白色，走近一看居然是仙人球开出了一朵喇叭状的花朵，色泽洁白、形状高雅。她立即找来一个花盆，把仙人球放到自己的书桌上。面对这优雅的花朵，柏莎终于明白了贝灵所说的惊喜。整整四年，仙人球用默默无闻的四年换来绚丽的一刻。

仙人球沉默了四年，在漫长的时光里，它用沉默表明了自己姿态：沉默，并不代表永远的平凡。在谈判桌上做一个懂得沉默的人，无论在何种境遇，都不要轻易放弃努力，只有耐得住沉默，才能享受到生命绽放的喜悦。学会在沉默中积累力量，总有一天，你会扫去阴霾，用精彩的绽放赢得谈判对手的喝彩。

在谈判中，有时我们可以以沉默的方式来说服对方，而且这种说服往往比语言更有效。比如，当谈判双方都已经了解彼此的需求，而买家也已经清楚你的报价和你的价格结构，并且对你的产品表现出很大的兴趣。

最后，买家可能会故意压低你的价格，比如他会对你说："其实我们同目前的卖方合作得很愉快，但是我还是想跟你们交个朋友。这样吧，如果你们把价格降到每公斤十五元，那么我们就十吨购买货。"

这时，你千万不要被他的说法吓到，如果他真的和现在的卖方合作愉快，也就没有必要坐下来跟你谈判。所以，你应该平静地回答他说："对不起，我想你们还是出个更合适的价钱吧。"然后就把嘴巴闭起来保持沉默。

如果对方直接替你抬价，当然再好不过。不过，有经验的谈判者会努力让你打破沉默，他会反问道："那么，我到底应该出多少才合适呢？"这样他就可以迫使你说出具体的数字。

但是，如果你现在开口就意味着失去了沉默的力量，你可以继续一言不发地看着对方，同时保持微笑，并点头鼓励对方说出一个他内心的数字。这个时候，买主很可能会对你做出让步。

这就是我们在谈判中经常用到的一种谈判策略，用沉默的力量来摧毁对方的心理防线。你在谈判中冷静地开出自己的价格，然后沉默，在强烈的心理压力下，买主很可能会表示同意。所以，如果你在没有弄清对方会不会接受你的建议之前就开口表态是很愚蠢的，这将会让你丧失"沉默的力量"。

学会声东击西，换个角度迂回进攻

只要是谈判，双方难免会发生一些分歧，当有了分歧后，争论就会在双方之间产生，因为谁都想让自己的利益最大化。因此，很多时候，在谈判中，双方会因为争论而陷入僵持中。在这个时候，作为一方的代表，就要懂得换一个角度思考问题。如果按照自己刚才的说法无法解决这个僵局，那是否可以换一种阐述问题的方式，让话说得双方都满意，让双方都能产生共鸣呢？若是能做到这一点，僵局就会迎刃而解。

日本的松下幸之助是一位非常有智慧的企业家。有一次，他与一家欧洲的电器公司就技术合作问题进行谈判。

当时松下与这家公司的争论十分激烈，双方在电器技术的转让费问题上僵持不下，甚至到了拍案而起的地步。松下觉得这样争论下去并没有什么意义，于是提出暂停谈判，决定先休息，下午再继续。在中午休息时，松下仔细地思索了上午谈判的过程，认为这样硬碰硬的谈判是不会得出什么结果的。于是他决定采取"他山之石"的策略，从另一方面阐释这件事的意义。

当下午谈判开始时，松下继续发言，但是松下并没有就双方探讨的问题继续争辩，而是从人类与科学的关系上开始了阐述。他说："刚才我利用休息的时间去了一趟科技馆，看到科学技术在人类进步中做出的巨大贡献，并且深受感动。世界的科学技术能发展到这样的水平，都是人类不断钻研的结果。"

大家都不知道松下这么说的目的是什么，就都被他的话所吸引，继续听着他的言论："但是人与人的关系却没有随着科技的发展而进步。在人与人之间还存在着种种不信任，并且经常因为怀疑对方而伤害对方。在世界各地，经常上演着这样的悲剧。人类的世界虽然看起来是和平与安宁的，但实质上在人们的内心深处却充满着嫉妒和憎恨，时刻进行着丑恶的斗争。"

越来越多的人对松下的观点表示赞同，因为他说出了所有人内心真实的想法，大家被他的话感染了，都集中精神继续聆听他的话，他说："我们都是社会中的个体，都在经历着进步文明的社会，那么我们之间的关系为什么不能变得更文明一些，彼此之间多些信任呢？我希望我们之间可以多一些信任，不要一味苛责对方的缺点和错误，对对方的想法多一些理解和支持。这样我们就可以携手为人类文明的进步而奋斗，想一想，这是多么伟大的一件事啊。"

讲到这里，松下听到了一阵一阵的掌声。松下也知道，这是给他的，也是给全人类的。这时的谈判气氛已经与上午的气氛完全不同了，每个人都摆出友好的态度，因为人们的动机已经与上午不同，每个人都感觉自己是在做一件伟大的事情，是为了人类的进步做贡献。于是这家欧洲的公司最终同意了松下提出的合作条件，双方很快就技术问题达成了协议。

　　在这场谈判中，松下没有单方面地看待问题，而是从另一方面阐述了问题，将问题上升到了全人类的高度，让大家对这个问题有了新的看法和认识，从而改变了对方初始的态度，让谈判的气氛得到了缓和。

　　由此可见，换一个角度阐述问题是能够挽救谈判的僵局，适当地转移对方的注意力，把问题从另一个角度进行述说，往往可以抚平对方的情绪，在谈判中收到不一样的效果。巧妙地利用这个原理，就能使双方更好地沟通和理解，消除对方敌对和防备的情绪，合作也就比较容易达成。

移情换位，站在对方的角度说话

在我们与人相处时，尤其是在谈判中需要对方接受我们的观点时，无论是苦口婆心，还是威逼利诱，都不如换位思考来得直接有效。只有站在对方的立场，才能让别人心甘情愿地被说服，这就是换位思考的力量。

在一次谈判课堂上，讲师给学员出了一道题目，要求学员自己和全班其他同学谈判，让每个人自愿走出教室。

第一位学员走上讲台，对全班的同学大喊道："我代表老师命令所有人都离开这个教室，马上！"结果，全班没有一个人走出教室。第二位学员则走上讲台，对大家说："现在我要开始打扫教室了，不想被弄脏的同学请离开！"结果一部分人离开了教室，还有一部分人仍然留在教室内。

第三位学员想了想，走上讲台，没有说一句话，而是工整地在黑板上写道："各位同学，午餐时间到了，现在下课。"结果同学们争先恐后地向食堂跑去，很快教室里就空无一人了。

故事中第一个学员想通过权威来命令别人，结果以失败告终；第二个学员想通过威胁来说服别人，结果还是没有成功；第三个学员懂得避实就虚，从同学们的心理着手，终于成功地把所有人"请"出了教室。

谈判时，如果双方都能换位思考，那是最好的。可是，一般情况下，彼此都只会为自己着想，会想着"对方应该怎么做"，而不是"自己应该怎么做"。如果双方都这么坚持，必然会让谈判陷入僵局。这时，假如有一方能说类似"我们重新核算了一下贵公司的运营成本，考虑到你们的盈利情况，我们可以适当调整报价"这类的话，那么僵局可能就会被轻易地打破。

任何一个具有战略眼光的谈判者都知道，在谈判的时候绝不能太贪心，绝不能妄想拿走谈判桌上的最后一分钱。也许你会觉得这是一场大胜，但对方若也有同样的感觉，认为这场谈判大败而归，那你觉得你们以后的合作还会顺利吗？

在谈判中有一句名言，叫谈判桌上的最后一分钱，是最昂贵的。每一个谈判高手，都会懂得利用这最后一分钱，甚至牺牲掉这最后一分钱，让对方觉得他获得了这一分钱，他才是赢家。这样不仅你的目的达到了，对方也会觉得谈判很成功。这才是双赢的局面。同时，在谈判过程中，你要从措辞方面就让人感觉到你一直在为对方着想，让对方看到你的诚意。在这方面，我们可以多学习一下戴尔·卡耐基。

有一段时间，戴尔·卡耐基都会租用纽约一家餐厅的舞厅举办几天的讲座。但随着时间的推移，也许是餐厅觉得这是个挣钱的好机会，就提出要把租金提高两倍。但那段时间，讲座的票已经全部卖完，换地方也不可能，改时间也不现实，但对于要多付两倍的租金，戴尔·卡耐基也不愿意。于是，他找到了饭店的经理进行了一次谈判。

戴尔·卡耐基说："我刚听说你们想把场地的租金提高两倍，听到这个消息我感到非常震惊。不过我理解你的做法，你的职责就是要让餐厅的利益最大化。不过，我是否可以和你借一张纸，我们来算一下，如果把场地租金提高两倍，它会给餐厅带来哪些好处，又会有哪些坏处。"

餐厅经理取过来一张纸，戴尔·卡耐基在这张纸的中间画了一条线，在线的左边写了一个"利"字，在线的右边写了一个"弊"字。然后，在利这一边写下了"舞厅，提供租用"，接着对经理说道："若是这个舞厅是空闲状态，把它作为舞会或者会议使用，租金是要比我的讲座租金高很多。这对饭店来说，肯定是非常有利的。

"接着，我们再来看一看它的弊端。最明显的弊端，就是你这段时间无法从我这里获得租金，而且你临时想要找到这么多天连续租用你场地的顾客，也不一定能够成功。如果你真的要提高两倍的价格，我肯定负担不起这笔费用，只能另找地方举办讲座了。

"其次，这对饭店还有另一个弊端。因为我的讲座来的都是有知识、有文化的人。这些人的到来，对于饭店来说，本身就是一个很好的宣传，而且这个宣传还是免费的。你即便在报纸上花大价钱做宣传，效果也不一定会比我的讲座来得好。这对于你们而言，不是一笔更大的财富吗？"

戴尔·卡耐基写下了这一利两弊后，把纸折好，交给了经理，说道："希望你能认真地考虑一下，然后告诉我你最后的答案。"第二天，卡耐基就收到了饭店经理的回复，答应把租金只提高一点五倍，而非原来的两倍。

从戴尔·卡耐基的这个案例中我们看出，卡耐基和饭店经理的谈判中，一句也没有说如果场地租金提高对自己有什么损失，而是一直站在对方的立场，算着租金提高两倍后，对饭店的损失。最后，经理也从中看到了利弊，最后答应降低租金。而卡耐基虽然没有达到还按原价来租用场地，但也接受了一点五倍的提高，而不是坚持一点也不肯提高。这就是让双方都得到了利益，也是最理想的谈判。

可见，要想有效实现共赢，就应当适当站在对方的立场上去思考问题、去说话，进而促成谈判。千万不可过于贪心，完全置对方的利益于不顾，言辞之间都只顾着自己的利益。

巧用外力，谈判才能更加得心应手

　　在实际谈判中，我们想要与对方达成一致的协议，而且，这个协议是有利于自己的，那我们首先应该做的是说服对方。其实，在口才的技巧里有许多关于如何说服人的策略，不过，在这里我们所说的是借力说服，巧妙说服对方，这样会让我们在说服对方的过程中事半功倍。在谈判过程中，我们想要说服对方，一个人的力量往往是单薄的，假如巧妙地利用外力，也就是借力说服，则可以达到事半功倍的效果。借力说服的方法，所指的是我们在进行说服过程的时候，为了让自己的说服更加有效，就需要借助外界的力量，以此形成一种说服声势或压力，以增强说服力。运用借力说服的方法来进行说服，可以强化说服的力度，可以起到借势用力的效果。

　　在说服对手的过程中，要想有效地说服对方，单单靠几句平淡的话是远远不够的，在这样的情况下，唯有借助于一定的典型事例，借助于名人的威望，借助于科学的知识，借助于社会的舆论，借助于对手自身的心理、情感以及利益的需求等多种力量，这样才能增添说服色彩，增强说服气势和效果。我们应该清楚地知道，我们所要说服的对象是有思想的人，假如只是干巴巴的几句话是很难达到效果的，我们必须借助许多外在的力量，才有可能达到成功说服的目的。

一家洗发水的销售经理正在与合作伙伴洽谈以后合作的具体事宜，但就在这个时候，却发现了抽检中有的产品分量不足。这让合作伙伴抓住这个问题与这位销售经理讨价还价，而这位经理却稳如泰山，微微一笑，说道："以前美国有一家制造降落伞的军工厂，据说产品的不合格率为万分之一，但这却是美国军队所不能容忍的，因为这意味着，他们每一万名士兵中，就将有一位因为降落伞不合格而牺牲。此后，军方每次验收时，都要这家军工厂的负责人亲自跳伞。据说，从那以后，产品的合格率就成了百分之百。要是贵方以后提货能够将那瓶分量不足的洗发水送给我们，我也将会与负责人一同使用，这可是我们公司成立这么久以来，第一次遇到能免费使用洗发水的机会哟。"这几句话说完，对方合作伙伴也笑了起来。

经理并没有直接拒绝合作伙伴的要求，而是借用了一个类似的故事，巧言拒绝了对方的要求。这样婉转的拒绝方式不仅转移了对方的视线，而且还阐述了自己的理由，使对方叹服。其实，最有效的说服方式并不是列举事实，而是想办法借用典型的事例，借力而行，我们所达到的效果往往会比预期的要好。

其实，不仅仅是在实际谈判中有借力说服的例子，即便在生活中也有类似的例子。例如，在前几年上海某报刊登出一条新闻："正广和"汽水瓶中，竟然发现了一只死老鼠。顿时，这则新闻就好像一声炸雷，使得"正广和"陷入了空前的危机之中。该厂的领导十分重视，通过认真分析，检查问题出在哪里。最后得出的结论是，老鼠根本不可能在生产过程中进入汽水瓶。面对这样的情况，厂领导觉得直接由厂方出面解释可能达到不了什么效果，而应该抓住这个新闻事件，巧妙吸引新闻媒介了解并报道产品工艺过程，从而变坏事为好事，经过对自己厂部的参观、了解，让所有的新闻媒介信服，老鼠是不可能在生产过程中钻入瓶中的，只能是在顾客打开瓶子之后钻入的。顿时，各大新闻媒体大幅度地报道了记者们的所见所闻，结果，这样不仅消除了顾客的担心，还宣传了自己公司产品的优良品质，扩大了自己公司的影响。

那么，具体在借势用力中，需要如何做呢？

首先，所借之事要成为有力的论据。

我们需要说服对方的论点必须要有强有力的论据支撑，那我们所借之事则会成为有力的论据。也就是说，我们想要说服什么，那我们所借用的典型事例就足以说明这一切，假如我们想要说服的是一件事情，可我们列举的是另外一件事，那就会造成南辕北辙的情况，自然也就无法说服对方。

其次，尽可能地借一切能借用的事例。

一个论点最终形成是需要多个论据支撑，因此，当我们在表达一个论点的时候，需要尽可能地借一切能凭借的事例，如名人威望、名人效应。名人效应已经在我们日常生活中的方方面面都产生了深远的影响，比如名人出席慈善活动能带动社会关怀弱者，名人代言广告能够刺激消费等。名人效应相当于一种品牌效应，它可以间接影响人们的一些决策、行为。其实，除此之外，我们还可以凭借更多的事例来说明自己的论点，正所谓"韩信点兵，多多益善"。

轻威胁地劝说，更容易成功

　　当我们站在三分线外面投篮时，通常会瞄准一会儿然后再出手。可是，如果我们改变一下规则，把投篮的时间限定在五分钟之内，不限制次数，估计每个人都会手忙脚乱地把球扔出去，根本没时间顾及自己是否偏离了原来的方向。

　　在谈判中，我们也可以采用同样的策略，给对方限定一个时间，用"最后通牒"的方式，迫使对方同意我们提出的谈判条件。

　　有一次，赵先生陪同一位朋友去买汽车。在宽敞的汽车展示厅内，赵先生的朋友看中了一辆黑色的奔驰。当时这辆车的标价是五十万元，这个价位有点超出了朋友的预算。

　　这时，销售人员上前说道："您好，我是这里的经理，这款车最近卖得非常好，您可以先了解一下这辆车的信息。"

　　赵先生和他的朋友了解了很多关于这辆车的数据，又亲自坐到车里去体验了一会儿。最后，赵先生的朋友对销售人员说："我对这辆车非常满意，但是在价格方面有点高了，你看四十五万怎么样？"

这时，销售人员露出了为难的表情，他很诚恳地说："实在抱歉，您给的价钱实在是太低了，我最低可以给您优惠到四十八万。"

赵先生的朋友想了想，然后回答说："这样吧，四十六万。今天下午我有事要出国一周，下午两点的飞机，如果你觉得合适，我们现在就成交。"

经过之前的沟通，这位销售人员已经不愿意放弃这位顾客了，最终赵先生的朋友以四十六万的价格买到了自己心仪的汽车。

一般来说，人们对于一个不需要马上完成的任务，总是习惯于等到最后期限的时候才去完成它，能拖就拖。但是在不能拖的情况下，例如在规定的时间内或者条件不允许的情况下，能够迅速地完成任务。

在谈判时，有的人也喜欢用拖延战术，如果没有什么压力，他就会将谈判无限期地拖延下去。这时，如果对其进行最后通牒——"希望你们在今天之内能够做出决定，不然我们只能终止谈判，另寻合作伙伴了。"给出一个最后期限，并要求谈判必须在这个期限内得到结果，这样说容易让对方快速地做出决定，甚至是做出妥协和让步。

如果你能够善用最后通牒效应——谈判的期限策略，给对方设置时间压力，往往就能获得更多的主动权。一般来说，如果对方不断地拖延时间，想要在这个过程中拖垮你的意志，让你慢慢妥协的话，你的态度就要强硬一些，最好告诉对方"我的时间有限，如果在最后的期限内，双方还没有就这个问题达成一致的话，就只能说抱歉了"，给对方下一个最后通牒。

如果对方诚心合作，在不损害对方利益的前提下，对方通常会尽量满足我们提出的要求。

一次，美国的代表被派到日本，与日方就出口货物的问题进行商谈。当美国代表到达日本时，日本的谈判代表很热情地接待了他们，用一辆很豪华的车子载着他们离开了机场，并且给他们安排好了酒店。对日本人做的这一切，美国人非常感动。

在车上，双方闲聊时，日本代表说："请你们放心，我们在谈判期间会给你们最好的招待，如果你们有什么需要，尽管开口，我们会尽力满足你们。希望我们在这次的谈判中能有一次愉快的合作。"

美国的代表表示非常感谢："来到日本真是我莫大的荣幸。多谢你们的盛情款待，我们真的非常开心。"

将美国的代表安排好后，日本的谈判代表没有立即着手进行谈判，而是用一个星期的时间带美国的代表参观日本的名胜古迹，了解日本的文化，同时还在晚上安排了长达四小时的宴会。当美国的代表问起谈判的时间时，日本的谈判代表总是说："不着急，有的是时间嘛！"

在美国的代表不停地催促下，双方才开始谈判，日本的谈判代表在谈判桌上不停地和美国的代表闲聊，故意拖延时间，想在这个过程中为自己争取更多的利益，而且谈判在日本境内举行，所以他们想把时间无限期地延长，想要在美国代表回国之前再谈判，趁着仓促之机获利。

十天过去了，谈判刚进行到双方提出各自条件的地步。美方代表正想进行下一步的协商时，日方代表却说："从今天下午开始，接下来两天都是我国的国民庆典活动，非常有意思。只要是我国的国民都会参加，你们也一起去吧！"

讲求自由的美国人实在无法拒绝这样的请求，在他们看来拒绝就是不尊重对方的民俗。然而，双方还有许多问题要商议，时间有限，他们的心里开始着急了。

两天后，双方重新回到了谈判桌上。见日方代表仍是一副不紧不慢的样子，美方代表忽然明白了，意识到这是对方为了获得更多利益的策略。为了打破对方的意图，重新获得主动权，美方代表对日方代表发出了最后通牒："我们来贵国已经十多天了，在这段时间内，多谢贵国的热情招待，但是我们不是来贵国旅游的，是来谈判的，我们的时间非常有限！不知道贵国人是不是都喜欢这样的慢节奏，但我们已经无法忍受。如果我们回国之前没有妥善协商完所有事宜，即使回国后受到董事会的批评也不会签订协议。而且我们将如实汇报本次谈判的一切情况。"

　　听完美方代表下的最后通牒，语气如此强硬、不容商量，日方代表意识到，他们的策略被对方察觉了，只得加快了谈判的节奏。

　　在上述事例中，美方代表正是因为使用了最后通牒这一语言策略，才打破了对方的意图，从劣势转为优势。谈判中，当谈判进程被对方拖延时，我们不妨也对对方进行一下最后通牒。

　　最后通牒这一语言策略不仅能够促进谈判的进程，而且能够有效地威慑对方，让对方在压力之下做出让步。比如，当对方坚持不肯做出合理的让步时，就可以对对方进行最后通牒，你可以说："我认为我方的要求是合理的，也是必需的，贵方这样拖延着不肯给出答复，实在让人觉得没有诚意。如果明天贵方还不能给出一个明确答复的话，我们只能遗憾地终止谈判，另寻合作者，毕竟时间就是金钱。"

　　为了让最后通牒产生的效用更佳，在说出最后通牒的时候，语气要坚定，语调要淡定。

　　值得注意的是，最后通牒只适宜在占优势的情况下使用。倘若你是弱势的一方，却使用了最后通牒这一语言策略，不仅无法给对方造成压力，而且有可能触怒对方，使谈判破裂。

第八章

饭局策略：做个会说话会办
事会交际的人

很多事往往会因为一场饭局而改变

在日常生活和工作中我们会发现，很多人都喜欢坐下来谈事情。人一旦坐下来，身体会有一部分处于放松状态，神经就不会像平常那样绷得紧紧的，一切自然就好谈了。而坐下来谈的最好方式就是边吃边谈，因为吃饭是一件令人很愉悦的事情，它可以让你的身体和心理都得到一定程度的满足。在身心得到充分满足的状态下进行谈判，结果可想而知。

但坐下来边吃边谈，也有一定的技巧，不是你坐下来想说什么都可以的。试想，如果项羽在刘邦刚坐下来就直接切入谈话的主题，恶狠狠地说："无论怎么样，我都不相信你，吃完这顿饭，我就杀了你！"那刘邦哪里还敢吃？所以即便是项羽那么强横的一个人，在坐下来边吃边谈时，也是先酒过三巡、菜过五味才慢慢切入正题上来。

其实，每一个久经"饭局"的人都深知，饭局只是一个搭建交流的平台。饭局里，觥筹交错之间，不外乎求人办事、升官发财这些事情……但大家都知道，送礼的前提就是请人吃饭。大家围坐一桌只不过是一个彼此认识的过程。

　　王丽丽是某公司市场部的普通职员，她就是个深知人情世故的人。在王丽丽眼里，每天的午餐都能吃出各种道道。

　　在一家公司，最为紧密相连、环环相扣的两个部门，当属市场部和客户服务部。但是王丽丽所在的公司，两个部门的同事即便私交再好也不会在一起吃饭。因为两个部门的领导曾有过不愉快的经历。

　　一个月前，公司决定从这两个部门挑选一个优秀的员工出国培训，大家都知道，培训完回到公司就有可能成为公司的高管，于是为了博得老板的青睐，大家绞尽了脑汁。聪明的王丽丽并没有像大多数人一样，在提升业务水平上做文章，依照老板的心思，王丽丽分析出老板需要的是能力，更需要有管理才能的人。于是她开始了她的"饭局计划"。

　　午餐时间，她经常邀请市场部的经理一起吃饭，以便了解他的近况。下班之后，她秘密地邀请客服部经理参加一些饭局。几轮饭局过后，她了解到这两个部门领导之间的矛盾。王丽丽从他们的口中得知，其实他们早就想和好了，毕竟在同一个公司的两个重要的部门，如果关系一直这么僵的话，其中一人早晚都会被公司炒掉。

　　于是在某个周五下班后，王丽丽以她生日为名，分别邀请了市场部经理和客服部经理参加了自己精心策划的饭局。席间，王丽丽故意以喝醉酒卖傻的方式，让两个部门的经理一杯酒泯恩仇。

结果，第二天老板便宣布王丽丽成为出国培训的员工。老板说，一个管理者具备很强的能力是一方面，协调好同事之间的关系更为重要，而王丽丽就是这样一个兼具这两种能力的员工。

似乎"饭局"都和有能力的人有着不解之缘，就像王丽丽一样，她知道"饭"不仅仅代表了自己的生存质量，而且非常清楚一个人的发展前景是受"局"所影响的。身处社会，温饱已经不是问题，饭局无疑成为我们发展好自己事业的重要手段。

在这个竞争日益激烈的社会里，饭局无疑是搭建人际关系的重要桥梁。饭局绝对不只是吃吃喝喝那么简单，我们有时应该想想清楚，某些饭局，为防止被人利用，是不能随便参加的。例如王丽丽身处的公司，如果两个关系这么密切的部门领导关系闹僵，市场部经理把你当朋友，而客服部经理又邀请你参加他的饭局，若你轻易赴局的话，在不经意间，你就已经得罪了市场部经理。所以，聪明的王丽丽会在开始的时候，秘密地邀请客服部经理参加饭局。因此，"吃饭事小，出局事大"这个道理是久经饭局者深知的道理。

说好第一句话，陌生人也能一见如故

做客的时候，见到主人，你是不是只说"嗨，我来了"，然后就入座闷头吃饭？

请客的时候，见到客人，你是不是只说"嗨，你来了"，然后就张罗对方吃饭？

如果你真的是这样的话，那只能说，不论作为客人，还是主人，你都是失败的！不管你拥有哪种身份，打招呼都是一门必修课。而上面这两种打招呼的方式，都是不及格的。

与人相见的时候，熟人也好，陌生人也罢，都应该要跟对方打招呼，而如果对方主动跟你打招呼，那更要给予积极的回应。要知道，你对别人的问候，是你在表达自己对对方的尊重和欢迎，是生活礼仪的一种展示。而对方对你的问候，更是在向你主动地示好，如果你不回应，是相当失礼的表现。除此之外，打招呼还有许多应该注意的事项，一旦缺乏必要的礼仪，自己就很可能在打招呼这个环节上给别人留下一个不好的印象。

　　小欣今天很高兴，因为她约了很久的一个客户终于答应跟她出来吃饭了。对于销售员来说，只要客户肯坐下来跟自己吃顿饭，那这单生意基本上就成功了 80%。只要在餐桌上不出现什么大的失误，可以说这个单子十有八九是自己的了。所以小欣在邀约成功之后，非常高兴地赶往了约定的地点。

　　小欣很准时地在约定地点见到了那位客户，因为太过激动，小欣一见到对方就冲了上去。几乎是贴着对方说"嗨，你好"。小欣明显地看到对方往后退了一步，拉开了与自己的距离。同时小欣还看到对方微微皱起了眉头，虽然动作很小，但是她依然捕捉到了这一点。她马上意识到自己跟对方打招呼的方式引起了对方的反感，她心底暗叹一声：不好！于是小欣马上道歉，并解释说是因为自己太过激动了。但对方的眉头依旧是轻微皱着的，并没有太多的反应。但还好，对方没有转身走人，小欣马上请客户入座，开始跟对方攀谈。

　　尽管小欣很努力地去捕捉对方的兴趣点，但对方一直没有表现出太多的兴趣。就在小欣说得口干舌燥的时候，她突然看见自己的一个好朋友出现在客户的背后。小欣立马高兴地跳起来，挥动双手开始喊好友的名字，看到好友看见自己，却又把目光移向自己的对面时，小欣猛然意识到，自己的客户还坐在对面。这个时候，对方的眉头已经是紧紧地皱着了，还没等小欣再开口，对方已经先表示自己还有点事，生意的事情下次再谈。小欣见到对方一副去意已决的样子，挽留的话也不知道该从何说起，只能悻悻地送对方走出了饭店，颓然地坐了下来。

其实小欣未必是不知礼仪的，她最大的失误就是，没有重视打招呼这样的小细节。对于一个人来说，打招呼虽然是个很短暂的过程，但是却能从中看出许多事情。所以，跟人打招呼的时候到底应该注意哪些问题呢？

首先，要注意的应该是距离，这一点是许多人都会忽略的。

小欣就是失误在这一点上。每个人都有自己的安全距离，一旦被他人侵入，肯定会产生反感。所以，一个合适的招呼，是需要一定距离的。但也不是说距离越远越好，如果距离太远，打招呼的时候就不是说话而是喊话了。为了跟一个人打招呼而使全场侧目，或者是突然地惊起，都是对他人的一种干扰。这样的招呼，一开始就是一种失礼。

其次，打招呼的方式要根据会见对象而定。

陌生人初见之时，打招呼要合乎礼仪，问好和表示自己很高兴结识对方都是必要的。而且与对方的眼神交流也应是短暂而真诚的，切忌目光躲闪或者长时间地盯着对方，这都是会让人产生反感。跟熟人打招呼的时候，可以不用那么拘谨，一句"好久不见"或者稍带寒暄就可以让对方感受到亲切，切忌因为和对方熟识就肆无忌惮地乱说话。而且，如果这个熟人是长辈，那就理应自己先问候对方，而不是等着对方问候自己。同时，男性应该先向女性问候，以显示自己的风度。

最后，不是每次看见熟人都需要很正式地跟对方说"你好"。

有些人，比如在短时间内你会多次遇见的同事或者朋友，如果每次见面都要正式地跟对方说"你好"，不仅会让你自己觉得很麻烦，也会让对方觉得礼节很烦冗。所以，第一次遇见时正式地打过招呼之后，再次遇见时只要相视微笑、点点头或者摆摆手就足够了，对双方来说都是一种方便。

见到什么人，用什么方式打招呼，需要动的绝不仅仅是一张嘴，更多的时候，你需要动动脑子，分清楚什么样的人需要什么样的问候。不然，你很有可能会步小欣的后尘，失去本来应该属于你的机会。

饭局就是边吃边谈事

请客吃饭，只是一种手段，在吃饭时候要谈的内容、要办的事情才是你的目的，也就是所谓的"正事"。"酒话"要说，说少了还不行，"饭事"要扯，扯远了也不行，但千万别忘了你的"正事"，那才是你请这顿饭的目的。

有些人信奉"此时无声胜有声"的境界，认为自己跟客户都心知肚明，所以从开始入席到最后离席一点"正事"也不提。有些客户可能是老客户，你不说，他心里已经给你记着了，但有些客户是新客户，你不说，他也不好意思提醒你。就这样你不说，他也不说，到最后吃完了饭，对方还不知道你为什么要请这顿饭，这就是你的失误了。

古人常说，未雨绸缪。今人也讲，提前做好准备，机遇总是青睐那些有准备的人。不管是老客户还是新客户，请客吃饭之前，对我们自己要做的"正事"，心里一定要有一个准备，或者干脆在身上准备一张卡片，或者做个记号，省得一会儿喝酒喝多了或者吃饭吃得太高兴而给忘了。

　　所罗门是一位销售玻璃的犹太人。他卖的玻璃很特殊，质地非常坚硬，通常被用在高楼大厦的外立面①，不怕风雨腐蚀。但他刚开始销售这种玻璃的时候，却非常吃力，因为人们除了知道这种玻璃能用在高楼大厦的外面外，对这种东西的其他用处几乎一无所知。

　　后来所罗门经过多方调查分析，决定办一场晚宴，借以让人们了解这种玻璃的其他用途。晚宴进行得很顺利，人们也吃得很开心，当人们喝完晚宴的最后一道茶，觉得晚宴该结束的时候，终于有人忍不住问，今天这场晚宴到底是为了什么，因为之前所罗门一直在保密。

　　当大家都坐在那里议论纷纷的时候，所罗门让服务人员为每人准备了一把小锤子。正当众人看着面前那把小锤子不知道该做什么时，不知哪个座位上的孩子，一时顽皮，拿起锤子就砸向眼前的玻璃桌子，他旁边坐着的大人们被这一幕惊呆了，正思索着预料中的惨剧该怎么收场时，只听"咣当"一声，玻璃桌子丝毫没有受损。那孩子一时好奇，就这么叮叮当当地敲个不停，人们都愣住了，有些不敢相信地试着拿起眼前那把锤子敲击桌面，奇迹在这一刻发生了，叮叮当当的声音成了这场晚宴中最为美妙的结束曲。

　　所罗门刚开始没说邀请人们吃饭的"正事"，只是当晚宴将要

―――――――――――――
① 物体和物体的外部空间直接接触的界面，以及其展现出来的形象和构成的方式。

结束的时候，突然给人们来了一场视觉和听觉的双重震撼，让好奇心驱使人们去试图了解这一切的真相，可谓是以无"声"胜有"声"的最高境界了。

　　但有一点需要切记，那就是绝不能在饭局刚开始的时候就把"正事"挂在嘴边，那样的话，会让被邀请的人感觉如坐针毡。当然，等到饭局将要结束时，你才宣布你的"正事"，也会让受邀之人觉得有被"胁迫"之感。所以，该怎么说你的"正事"，在什么时候说你的"正事"，有着非常大的学问。通常精通此道的人，能够在推杯换盏的过程中，不知不觉地就把"正事"明示或者暗示地一言带过，让彼此之间都做到心里有数，还不会给对方造成太大的负担。还有一些人，能够在人们聊天时画龙点睛地说上一句话，既不破坏现场的气氛，也能让对方感受到自己要说的意思。

　　不过，无论在什么时候，用什么方式来说你的"正事"，最重要的是你要有事先准备，不能够临时抱佛脚。否则，不但说"正事"时会毫无条理性，也会让对方觉得你语无伦次，说话毫无重点，会给对方留下不好的印象。还是那句话，请客吃饭是手段，你要谈的事才是你的目的，为达目的"不择手段"，才是你时刻应该考虑的问题。

吃出"特色"，让你的力量成倍增加

邀请客户吃饭就像给客户送礼一样，要先摸清客户的品位和档次，然后再根据这些进行安排，如此才能起到事半功倍的效果。如果你档次安排得太高，会在无形中给客户施加压力，让他觉得"吃人家的嘴软"，所以吃起来肯定不会踏实；如果档次太低，会让他觉得他在你心中跟普通人没什么两样，那接下来的生意就很难谈下来。一般销售人员请客户吃饭，应本着这几个原则：舒适、简约却又不失"特别"。

这里的"特别"，指的就是你选地点、选菜中"画龙点睛"的一笔。何谓"画龙点睛"？闹市之中的幽静之地，大荤大腥之中的一盘清爽利口的豆芽菜，都算是"点睛之笔"。正所谓柳暗花明又一村，在客户意想不到的地方，请吃一顿意想不到的可口饭菜，这才是我们请客户吃饭的关键。特别之物必有特色之处，特色之处必有流连忘返之人。留住了他的人，自然就留住了这单生意。

很多时候，我们可以把地点和时间的选择权交给客户，他们说出的地点通常也代表了其所期望的档次，而时间也是客户方便的时间。但有些时候，客户会把这些问题推给你，让你来选择，这时，就是你个人发挥的时候。要注意，优雅的环境以及良好的氛围，始终是你请客户吃饭的首选。

与众不同的东西，往往能让人眼前一亮，继而铭记在心，念念不忘。

小李所在的公司附近，新开了一家福建客家珍味馆，去吃过的同事都说很不错，而且环境也优雅。小李最近打算请一个客户吃饭，了解到那个客户是福建闽南一带的客家人，所以就想到了这家新开的福建客家珍味馆，为此他还专门去亲自考察了一下。结果发现果然不错，不但环境好，菜的味道也很独特。而且他们那里还有一个专门的品茶区，吃完饭还可以在那里品一杯香茗非常惬意，于是就决定在这里请客户吃饭。

由于小李心里一直担心着单子，所以吃饭的时候都没怎么顾得上照顾客户。还好客户对这里的饭菜十分满意，吃完饭大家又去喝茶，客户对这里的茶也是赞不绝口，大赞很香、很地道。小李悬着的一颗心这时才慢慢放下来。

最后签合同的时候，客户没怎么刁难就爽快地签了。小李很高兴，暗想：以前约客户吃的都是日本料理，没想到这次突发奇想了一次，不但让花费少了一半，连合同都签得这么顺利，看来约客户一定要找对地方才行啊。

　　小李的故事告诉我们一个道理，山不在高，有仙则名；水不在深，有龙则灵。有时候一点小特色比那些花费了大心思、大手笔制作出来的东西更能得到人们的认可和赞许。为什么呢？因为有特色！有自己的东西在里面，有特色的东西往往隐含着一种诚意，让别人一看就觉得很亲切，认为你是个有心的人，是对这件事上了心的，再怎么都不会去刻意刁难你。

　　其实请客吃饭也是这个道理。客户不是没见过世面的愣头青，他们也吃过山珍海味，也喝过茅台、五粮液，更享受过一些高档餐厅的布局和环境，但他们就是不曾体会那种身在闹市却仿若置身幽林之中的境界，不曾体会过独在异乡却似又回到了故土的味道。所以，摸清他们的品位，请出你的"特色"来，让他们感觉到你的诚意和付出，那么以后的事就好谈了。

宴请无小事，没人会平白无故地请客

工作繁忙辛苦，下班后不免约上几个同事一起吃饭，在饭桌上吐露各自工作中的苦水，也不失为一种不错的解压办法。但同事终究不是家人、朋友，彼此间有利益冲突，不能做到无话不谈的地步。那么就该有我们吃饭时所应注意的地方。

当有同事毫无征兆地要请大家吃饭，你千万别什么都不打听，傻乎乎地就去赴约。碰到同事请客吃饭，就算他没说理由，你也不妨带份礼物备着。或者和其他同事事先沟通一下，了解对方请客的原因，以避免自己失礼。

王美凤刚来公司一个多月，人缘不错。有一天，人事部的小张宣布要请客，还要带上交往多年但从未露过面的女朋友，王美凤本以为他是说着玩的。无缘无故的怎么就请吃饭，但既然人家发出邀请了，自己还是要去的。吃饭的地方是个挺高级的餐厅，王美凤一身休闲装扮早早就到场了，但令她没想到的是，这些应邀来就餐的同事一个个的都精心打扮了一下，弄得王美凤为自己随意的着装尴尬不已。

就在饭局进行到一半的时候，人事部小张搂着女朋友站了起来，说今天其实是他们俩订婚的日子，因不想太铺张弄得人尽皆知，所以就请同部门的同事聚一下。其他同事听后鼓掌祝贺，并拿出了自己或者几个同事凑份子买的礼物送给他们，只有王美凤此刻想找个地缝钻进去，可以想象两手空空的王美凤处境是多么尴尬。

后来王美凤责问同事为什么不事先说一声，同事都说她大脑简单，不想想谁会无缘无故就请客吃饭呢。想想也是，既然知道没人会平白无故地请客，怎么还会傻到两手空空地去吃饭！

当然，不是每次同事请客吃饭都会有什么特别的理由，也许只是大家随便聚聚。不过，就算是随便聚聚，也不要小瞧了和同事一起吃饭的礼节。

比如，相信很多人的朋友或同事中都有这样的人，他们喜欢在吃饭的时候开玩笑，以活跃气氛。当然，善意的而且有分寸的玩笑当然很好，既能调节气氛，也能让所有人都轻松下来。但是切记，凡事都要有一个度，有的玩笑要是开得过火，让听者不舒服或者触碰到了他的隐私，那就会招人嫌了。所以，开玩笑的尺度一定要把握好：

首先，要了解开玩笑的对象。

如果向平时和你关系好、幽默的人开玩笑，对方都会一笑了之。

但有一些人就是严肃、敏感的人。这种人，你最好还是不要涉及他们为好。还有一点，切忌把开玩笑的对象引向领导，那样的后果，可能不是你能承受的。

其次，要注意开玩笑的内容。

同一个开玩笑的对象，不同的内容，所发生的反应也会不同。每个人也都有自己的尊严，而每件事在每个人身上体现的程度也不同。当你觉得这个玩笑是无伤大雅的，但被开玩笑的人觉得他人格受到了侮辱，最后的结果只会是你多了一个敌人。

再次，你要清楚自己开玩笑的目的。

要记得，开玩笑只是为了活跃现场的气氛。因此，你的玩笑最好无伤大雅，也不涉及任何人的自尊。更不可拿别人的生理缺陷来进行调侃，更不能在女性面前开黄腔。如果你开玩笑的目的不纯净，小心最后自取其辱。

最后，玩笑千万不可涉及隐私。

我们都了解，很多人喜欢八卦，喜欢在茶余饭后聊聊八卦，调侃一下别人的隐私，把这当成生活的乐趣。但这却是万万不可取的。相信每一个在生活或者工作当中的人，对于这种爱八卦别人，爱谈论他人隐私的人，都没有什么好印象。这些人轻则被人排挤，在工作中更有可能丢掉饭碗。

　　赵磊是一家公司的老总。在一个聚会上，他的秘书也陪同前来。但在会场中，秘书因为稍微多喝了一点，话就变得多了，开始和其他人扬扬得意地说起赵磊和公司的一位部门经理的婚外情，让赵磊的形象瞬间崩塌。

　　事后不久，赵磊就把这位喝多了爱八卦的女秘书换掉了。

　　很多同事在饭桌上显得很亲密，关系融洽，但这也并非意味着你和谁都可以敞开心扉地聊天，更不意味着你可以拿别人的隐私来作为你们聊天的话题。

　　所以，当你和同事一起吃饭的时候，千万要注意以上几点，这些小小的礼节性的东西，也许就会让你和同事间的人际关系变得更融洽。

有始有终，漂亮的收尾才算功德圆满

　　天下没有不散的筵席，有开席，自然就有收局。中国人比较讲究尽善尽美，做一件事情，需要好的开头，更需要漂亮的收尾，如此才称得上是功德圆满。如果我们在开局和过程中已经耗费了大量心力，并且在各方面都做到尽善尽美，最后却坏在了收局上，那必然会让先前所有的努力都付诸东流。对待收局，我们一定要慎重再慎重。

　　收局为什么那么重要呢？那是因为这是你开始收获这顿饭局结果的时候，是你们决定前面所谈的事情的时候。如果处理得急了，很可能造成"煮熟的鸭子也飞了"的局面；如果处理得慢了，则可能造成"黄花菜都凉了"的局面。所以收局阶段，我们要像前面开局那样，不急不躁，游刃有余，争取做一个漂亮完美的收局。

　　如何才能做到一个漂亮完美的收局呢？

　　注意细节。细节是魔鬼，越到最后越是如此，因为魔鬼通常都喜欢让人们在成功前的那一刹那间，让你功败垂成。不会收局的人，就算在开始占尽了先机，过程中又出尽了风头，最后仍免不了被淘汰出局的厄运。

围棋比赛中曾有过这样一位天才人物，前五十手堪称天下无敌，中盘精心布置，攻守兼备，做得是滴水不漏，却在最后的收官阶段被人屠掉大龙①，功败垂成，后来苦心钻研数年，终于大彻大悟，在国际大赛中罕逢敌手，所向披靡。为何？因为他收官阶段堪称完美，别人就算在布局、中盘占尽先机，最后仍避免不了被他一举擒获，他就是有"石佛"之称的韩国天才棋手李昌镐。

这就是收局的魅力，收局做得好，不但可以弥补开局和中盘的不足，有时候还能使事情发生逆转，向着有利于你的一面发展。

小东是一家水产店的老板，希望能从一个大批发商那里购买一批当下销售正旺的海鲜，于是请了一位批发商去自己专门供货的一家鲜鱼馆吃饭。但批发商认为他实力不行，而且又是分期付款，有点信不过他，不管他怎么谈，大批发商都要求先交足50%以上的货款。但小东一时拿不出这么多钱来，谈到最后，小东都差点给批发商下跪都未能成功。因为海鲜是个季节性的产品，过了这段时间，谁知道还有没有好的行情。要想趁机多赚一笔，就得抓住目前这段时间，但没有货源对于刚入行不久的小东来说，的确是一次致命的打击。

---

① 围棋术语，指被吃掉一大块子。

小东费尽了口舌，也没能说动批发商给他优惠的条件。但后来结账的时候，饭馆的老板死活不肯收小东的钱，看得这位批发商一头雾水，怎么有钱都不赚？在听他们"争执"的过程中，批发商才明白，原来小东是这家饭馆的供货商，供货不但及时，每笔账也都算得清清楚楚。饭店老板觉得跟他合作很实在，所以一般他在这里吃饭能不要他的钱就尽量不要。批发商听了大受影响，从另一方面感受到了小东经商的人品和原则，所以一回去，直接找小东签了合同，而且只用先付足 20% 的货款。

像小东这样请大批发商吃饭，虽然刚开始谈得很不顺利，但最后收局阶段，出现了惊人的逆转，不但成功地取得了大批发商的信任，更把自己这单生意给做了下来，可以说是一举两得。

收局想要做得完美，不但要有以上这种出其不意的一幕，更需要一些完善的细节来做铺垫，切不要以为吃完饭就没事了。有时，没谈完的东西，就需要吃完饭后坐下来接着谈。在饭局中，除了要顾及对方的感受，更要注意现场的气氛，饭吃到什么时候才算结束，这里面也有一套说法：吃快了，事情谈不完；吃慢了，对方又觉得你做人做事不够果断。总之，越是到最后阶段，越是不能急功近利，要把握住节奏。节奏有了，最后收局时那定音的一锤，才能够砸得响亮、砸得干脆、砸得完美。